群书治要续编
360

郝时晋 梁光玉 萧祥剑 主编

古籍书局编辑部 注译

团结出版社

© 团结出版社，2024 年

图书在版编目（ＣＩＰ）数据

群书治要续编 360 / 郝时晋，梁光玉，萧祥剑主编；
古籍书局编辑部注译 . -- 北京：团结出版社，2024. 12.
ISBN 978-7-5234-1255-8

Ⅰ . D691.5

中国国家版本馆 CIP 数据核字第 2024GB4869 号

责任编辑：夏明亮
封面设计：宋　萍

出　版：团结出版社
　　　　　（北京市东城区东皇城根南街 84 号　邮编：100006）
电　话：（010）65228880　65244790
网　址：http://www.tjpress.com
E-mail：zb65244790@vip.163.com
经　销：全国新华书店
印　装：三河市万龙印装有限公司

开　本：128mm×183mm　　32 开
印　张：8　　　　　　　　字　数：135 千字
版　次：2024 年 12 月　第 1 版　　印　次：2024 年 12 月　第 1 次印刷

书　号：978-7-5234-1255-8
定　价：48.00 元
　　　　（版权所属，盗版必究）

《群书治要续编》推荐序

闻诤农

    《群书治要》是唐代魏徵等臣受唐太宗敕命所编撰的一部资政巨著,由于参加编撰的诸位大臣皆为一代贤臣、经国大器,其识见恢弘,穷理澈源,因此该书对于盛唐之治,功莫大矣。其后传于日本,亦能襄佐盛治,足见中华文明之价值,实可裨益世界各民族的政治文明。

    由于《群书治要》成书于唐初,所选典籍迄止于晋,两晋之后的典籍,未能尽揽其中,《群书治要续编》编辑委员会诸同志,在坚持把马克思主义基本原理同中国具体实际相结合、同中华优秀传统文化相结合的思想指导下,根据《群书治要》的编辑体例,从南北朝至清代的浩瀚古籍中,去粗取精、古为今用,编辑而成《群书治要续编》五十卷,将一千五百年来中国历史文化典籍中关于"修齐治平"的思想精华汇编成册,作为当今国人学习历史文化的参考借鉴,意义深远。

这部书和《群书治要》一起,让中华先贤修齐治平的经验智慧得以完整呈现,对于赓续中华传统文化命脉,实现中华民族伟大复兴,具有重要的时代和历史作用。

文化是一个国家民族的灵魂,文化兴则国家兴,文化强则国家强。今天,中国共产党正带领全体中华儿女走在实现中华民族复兴的伟大征途。中华优秀传统文化得到创造性转化、创新性发展,中华文化正展现出蓬勃生机,绽放出时代光彩。

盛世修文,赓续历史文脉,书写历史华章,是我们这一代人的责任和使命。中国古代典籍浩瀚,如何从中撷取精华、古为今用,前人在这方面做出了许多努力,有很多值得学习和参考的经验。今天,如何从中华优秀传统文化中汲取新的营养,坚定文化自信,担当使命,奋发有为,构筑中华文化新气象,激活中华文化新活力,是历史赋予我们的全新课题。

《群书治要》曾为唐太宗成就"贞观之治"提供了理论借鉴。《群书治要续编》的编撰,相信对我们当今时代如何实现"中国之治"也能贡献应有的历史智慧。

　　《群书治要续编》的问世，是马克思主义基本原理和中华优秀传统文化相结合的一次探索，是中华优秀传统文化当代发展的新成果。以史为鉴，可以知兴替。这部浓缩了一千五百年历史经验智慧的著作，对于我们确立文化自信、学习和弘扬中华优秀传统文化具有重要意义，对于我国文化传承发展，开创中华文化新形态具有重要参考作用。

　　这部书从策划到实施，前后历时近十年，编委会的同志呕心沥血，为这部书的面世付出了巨大的努力。书稿完成后，又邀请多位专家学者审读，征集意见，以令此书臻于完善。出版社的同志将书稿送给我阅读，嘱托我作序，我看了书稿，很有感触，特写下以上感受，忝以为序。

　　（作者系第十一届全国人大常委会副委员长、民革中央原主席）

《群书治要续编》序

古人有云："治天下必正风俗，正风俗必明学术。"我华夏民族屹立于世五千年，其本在于独成体系、绵延不绝之中华文化。中华文化之根，又在以觉世牖民、经世致用为本之政治哲学，其格致诚正、修齐治平之心法，皆载之于典籍。故古之明君贤臣，登大宝之位，列辅弼之佐，无不留心治道，鉴览前典，以化民成俗，成就善治。

贞观初年，太宗李世民欲臻至治之世，大有为于天下，故钦慕于先王之道，命魏徵、褚亮、虞世南、萧德言诸臣，哀次经史百氏帝王所以兴衰者，辑览成书，以资镜鉴。魏徵诸臣自先秦至魏晋浩瀚典籍中采摭群书，剪截淫放，精选六十六种，以务乎政术、本乎治要为准则，删其繁芜，择其精粹，编撰而成《群书治要》，太宗览之大悦，曰："使我稽古临事不惑者，卿等力也。"是书于太宗"贞观盛世"之贡献，由兹可见。以至有唐一代，王公大臣，无不习焉。诚如魏徵所言，实为"用之当今，足以鉴览前古；传之来叶，可以贻厥孙谋"之治世宝典。

是书亡于兵燹，宋初失传，幸留存于扶桑。东瀛皇宫经筵日日习讲，因而成就两朝盛世。后于清嘉庆年间再传中土，惜不为政学两界所重。直至近年，国运昌隆，是书于民族复兴之际重放异彩，备受推崇，其价值不言而喻也。

然《治要》成书于唐，且所采典籍，迄止于晋。其后又经历南北朝、隋唐五代、宋元明清诸朝，其间中华民族之命运跌宕起伏，风云激荡，既有雍熙盛世之欢歌，亦有祸结兵连之流离；既有定乱中兴之明君，亦有暴虐戮民之昏主；既有以道事君之良佐，亦有覆灭邦家之佞臣；既有万国来朝之隆盛，亦有夷族乱华之惨烈。千载之下，英才辈出，典论蔚然，其裨益修身理政、平治天下之经验智慧，承前启后，一脉相承。故增辑此历史进程中治乱兴亡之经验教训，实乃今日士林之责任与使命。

盛世修典，乃我中华民族之优良传统。吾辈后学，叹《治要》之广博切要，感子史之卷帙浩繁，乃博采"二十五史"之《宋书》至《清史稿》诸史，又自《四库全书》《续修四库全书》中采撷诸家著作，依《治要》旧例，辑撰而成《群书治要续编》，以续先贤之徽猷，传后世以嘉谟。

是书所载，始于南朝，终于清季，凡一千五百余载。其居大宝之位者，或创业之君，定乱扶衰，济民水火，开创一代规模；或盛世之主，宵衣旰食，广纳谏言，终成嘉美之治；或中材之资，萧归曹随，依循先制，亦能守成继体，不忝厥祖，不辱己身；或季世昏惑，沉湎冒色，独断自专，遂致灭国亡身；无不明其致治之由，衰乱之因，作为君之镜鉴。其居庙堂之上，处辅弼之任者，或开国勋臣，于草昧之肇，陈谋献策，奠一朝之基业；或致治良臣，于大定之际，安上治民，宣化成德，成巍巍之盛世；或中兴之佐，于积弊之时，矫国更俗，革旧维新，扶大厦之将倾；或末世诚臣，于板荡之秋，誓死勤王，以身殉国，著忠烈之气节；无不采其良策嘉谟、正直之行，作为臣之典范。至于英武之帅，运筹帷幄，决胜千里；直谏之臣，造膝沃言，匪躬之节；郡守县令，敦行教化，移风易俗；懿后良妃，母仪坤德，垂范内闱；名儒高士，隐居求志，行义达道。凡此种种，其言其行，足为取法、有益于世者，无不采撷，以兴今人慕贤之风。抑或奸佞之臣，巧言令色、利口覆国；败军之将，临敌而惧，落荒而走；阴险酷吏，罗织诬陷，害忠隐贤；亡国艳妻，牝鸡司晨，扰乱国政；凡此危邦乱国之徒，佥载其人其事，以察浇薄之萌，知履霜之渐，著为后世警惕之诫。

今日之中国，天下为公，废封建，兴民主，还权利于人民；旧邦新命，尚改革，谋发展，铸华族之新篇。然居安思危，理不忘乱，古圣之哲言；虽休勿休，式遵稽古，先王之轨范。欲兴文武之政，当习方策之典。《续编》之作，与前辉映，五千年经史子之精萃，尽览于兹，实乃时代之福音，大国之幸事。于此《群书治要》正续百卷，精心细读，乃畅我中华始祖之济世本怀，古圣先贤之慈悲教诲。中华文化，历数千载，生生不息，满纸慈训，字字仁心，其能振人心、端风俗、明政事得失，知时代兴替；鉴古今、匡时弊，功在当代，利在子孙。

放眼全球，四海已为一村，人类命运一体；万物互联，文明互鉴；中华文明之经验，亦为人类社会之瑰宝。英人汤恩比曾云，能解人类于倒悬者，其唯中国之学乎？是书所倡之王道，乃济世之良药，为政之司南，若日月之大明，虽历久而弥新，置四海而皆准。非惟佑我华族，亦能惠泽寰宇。俾万国元首，敦行仁政，各亲其亲，各子其子，咸以此心，广及天下，化干戈为玉帛，息纷争为和睦，普令天下，见和同解，平等相处，共修礼让，案兵束甲，强不凌弱，协同发展，共谋福祉，则世界太平、宇宙清宁之日可期也。

《续编》撰成之际，适逢百年一遇之庚子流年，新冠疫情全球肆行，疮痍满目，时运乖蹇。《易》曰："习坎，君子以尚德行，习教事。"嗟乎！是书之作，实乃应运而生也。有为君子，能不思乎？念先圣之垂训，观日月之更替，余等感而叹曰：公而无私，大道相随。是书付梓之际，略叙编撰缘起，忝以序称。

《群书治要续编》编辑委员会

编辑说明

　　《群书治要续编》是唐代资政巨著《群书治要》的续作，该书依照《群书治要》旧例，承续《群书治要》资政思想，补录《群书治要》未收编的历朝典籍精要，从《宋书》至《清史稿》等正史和《四库全书》《续修四库全书》子部典籍中采撷精华编撰而成。全书五十卷，选录经典六十六种，辑录典籍原文六十余万字，加上注释、今译，总计近二百万字，为南北朝至清代一千五百年间子史典籍中修齐治平的智慧精华。

　　《群书治要续编》出版问世以后，受到不少领导干部、学界同仁和读者的好评。然而，考虑到原书规模较大，对普通读者而言，要遍览全书，依旧需要花费不少的时间精力。为了让广大读者尽览《群书治要续编》的精华，我们组织编辑了这部《群书治要续编360》。

　　《群书治要续编360》延续《群书治要360》的编辑思

路,从《群书治要续编》原典中选取精华360段,编辑成册,分成明理、正心、修身、齐家、为政、治平六个纲,每个纲下又有细目,其主旨皆不出《大学》"格致诚正、修齐治平"的范畴,堪称《群书治要续编》中关于"修齐治平"论述的嘉言集萃。

由于《群书治要续编》秉承《群书治要》的资政特色,书中涉及治国理政的内容篇幅较多,虽然我们多数人并未居高位,不承担治国理政的重任,但是其中的精神,对于我们在一个团体之内如何尽到自己的责任,做一个合格的团队领导者,依旧深有借鉴的价值和意义。

《周易》有云:"君子以多识前言往行,以畜其德。"过去,宋太宗虽日理万机,尚且每日读书三卷,将大臣李昉等人编撰的一千卷《太平御览》在一年之内读完。今日,我们即便再忙碌,将此书携带手边,朝暮诵读一则,并非难事,只在坚持与否而已。如同健身之术,每日只要坚持片刻,长此以往,必定能够起到保养身体之功;读书亦是此理,每日一则圣贤嘉言,积累下来,对我们涵养性情、开启智慧同样会有莫大的裨益。

古籍书局编辑部

2024 年 5 月

目　录

一、明理

二、正心

三、修身

四、齐家

五、为政

六、治平

明理

扫码听解读

明　道

1. 古者圣哲之主，皆亦近取诸身，故能远体诸物。昔楚聘詹何[1]，问其治国之要，詹何对以修身之术。楚王又问治国何如，詹何曰："未闻身治而国乱者。"

（卷第三十八·贞观政要）

【注释】[1]詹何：战国时哲学家，楚国术士。继承杨朱的"为我"思想，认为"重生"必然"轻利"，反对纵欲自恣的行为。

【译文】古时那些圣明的君王，也都是先就近从自身出发，所以才可以远推到其他事物。从前，楚庄王礼聘詹何入朝，向他询问治国的要领，詹何只是用修身之道来对答。楚庄王又问他治理国家应该如何做，詹何回答说："还没听说过国君自己品德高尚却将国家治理得一塌糊涂的。"

2. 夫清其流者必洁其源，正其末者须端其本。
（卷第六·隋书下）

【译文】要清洁水流就必须清洁源头，要端正树木的枝梢就必须端正树木的根和主干。

3. 夫性命之道，自有常分，岂可逃而获免乎？但患难之生，皆生于利，苟不求利，祸从何生？（卷第二·陈书）

【译文】性命之道，本来就有定数，怎么可以逃避呢？但是，一定要明白，所有患难的产生，都是由利益所引起的，如果不追逐名利，祸患又能从哪儿产生呢？

4. 於戏！国无贤臣，圣亦难理；山有猛虎，兽不敢窥。得人者昌，信不虚语。昔齐桓公行同禽兽，不失霸主之名；梁武帝静比桑门，竟被台城之酷。盖得管仲则淫不害霸，任朱异则善不救亡。（卷第七·旧唐书一）

【译文】呜呼！国家没有贤臣，即使是圣人在位也难以治理；山上存有猛虎，野兽也就不敢偷窥。得到贤臣，国家就能够昌盛,确实不是虚言。从前,齐桓公的行为如同禽兽,依旧不失掉霸主的声名;梁武帝守静犹如僧侣,最终却被残酷地饿死台城。这是因为齐桓公得到贤臣管仲,虽然放荡淫邪也不损害齐国的霸业;梁武帝任命佞臣朱异为大都督,其本人虽善良却不能挽救梁朝的危亡。

5.明镜所以照形,往事所以知今。(卷第十·旧唐书四)

【译文】明镜能够照出身形,观察往事可以知晓现在。

6.帝曰:"理身无为,则清高矣!理国无为,如何?"对曰:"国犹身也。《老子》曰:'游心于澹,合气于漠,顺物自然而无私焉,而天下理。'《易》曰:'圣人者,与天地合其德。'是知天不言而信,不为而成。无为之旨,理国之道也。"(卷第十四·旧唐书八)

【译文】唐睿宗说:"一个人用无为之道来修身养性,就会清静高洁。如果用无为之道来治理国家,会如何呢？”司马承祯回答说：“治理国家和修养自身没有两样。《老子》说：'内心淡泊，精神宁静，顺其自然而没有个人私欲，那么天下自然就得到治理了。'《易经》说：'圣人，他的德行能与天地之道相合。'由此可知，上天没有言语而行为诚信，上天不刻意有为却始生万物。无为之道的主旨，也同样是治国理政之道。”

7.《书》曰：“满招损，谦得益。”忧劳可以兴国，逸豫可以亡身，自然之理也。（卷第十五·旧五代史）

【译文】《尚书》上说：“自满会招来损害，谦虚能得到益处。”忧虑辛劳可以让国家兴盛，安逸享乐可以使自己灭亡，这是自然的道理。

扫码听解读

立 志

8. 君子"为天地立心，为生民立命，为往圣继绝学，为万世开太平①"。今之所谓大人君子，有是心乎哉？（卷第四十五·薛子庸语）

【注释】①此四句为北宋大儒张载的名言，表达了一个人对国家、社会的担当和使命。当代哲学家冯友兰将其称作"横渠四句"。由于其言简意宏，一直被人们传颂不衰。

【译文】一个修德的君子，要有"为天地立心，为生民立命，为往圣继绝学，为万世开太平"的志向，现在的大人君子，有这样的心志吗？

9. 心无得则志不立，志不立则事不成，事不成则妄动轻举，不根于素，夫是之谓妄人。（卷第四十二·迩言）

【译文】一个人内心没有所得，那么人生的志向就无法树立；人生志向无法树立，那么就不可能获得任何成就；不能获得成就，那么就会轻举妄动，不能立足于平时的德行修养，这就是所谓的无知妄为之人。

10. 人生自古谁无死，留取丹心照汗青。（卷第二十一·宋史六）

【译文】自古以来人活着哪有不死的呢？重要的是将自己的一颗赤诚之心永远留存在天地之间。

11. 读书不为艺文，选官不为利养，唯通人能之。（卷第二十二·金史）

【译文】读书不是为了才艺文章，做官不是为了名闻利养，只有通达人生大道的人才能做到。

扫码听解读

戒　贪

12. 贪欲者，众恶之本；寡欲者，众善之基。（卷第四十四·慎言）

【译文】贪欲，是所有恶行产生的根本；少欲，是一切善行的基础。

13. 为主贪，必丧其国；为臣贪，必亡其身。（卷第三十八·贞观政要）

【译文】作为一国的君主，如果贪婪，就一定会亡国；作为朝廷的臣子，如果贪婪，就会丧失自己的性命。

14. 古人云："鸟栖于林，犹恐其不高，复巢于木末；鱼藏于水，犹恐其不深，复穴于窟下。然而为人所

获者，皆由贪饵故也。"（卷第三十八·贞观政要）

【译文】古人说："飞鸟栖息在树林里，还担心树木不够高大，又把巢穴建在树梢上；鱼潜藏在水中，还担心水不够深，又到洞窟下做穴。然而它们还是被人捕获，这都是贪吃诱饵的缘故啊。"

15. 或问：老子之教可以治天下乎? 曰：可。一曰慈，二曰俭，三曰不敢为天下先。于治天下也何有? 可以治身乎? 曰：可。如五色令人目盲，五音令人耳聋，五味令人口爽，驰骋田猎令人心发狂，于治身也何有?
（卷第四十五·薛子庸语）

【译文】有人问：老子的教诲可以用来治理天下吗? 回答说：当然可以。比如老子说，首先要以仁慈之心来爱民，其次是要俭身以寡欲，第三是礼敬贤才，在天下人面前不敢以尊位自居。就治理天下而言，还有什么比这更高明的吗? 如果有人再问：老子的教诲可以用来治身吗? 答案同样是：可以。老子告诫世人：缤纷的色彩会让人眼花缭乱，真伪难辨，看不清世界的真相；动听的音声会让人沉迷不醒，听不进善言的规劝；精美可口的食物会增长人的贪欲,品尝不出人生的真谛;整天纵横驰骋四处打猎更会令人心放逸,进而胡作非为。就治身而言,还有什么比这更要紧的吗?

16. 辱莫大于躁进,祸莫大于贪得。躁进者必不安分,贪得者其欲无厌。以不安分之心,逞无厌之求,鲜有不取辱而遭祸者。(卷第四十七·独醒子)

【译文】耻辱的事没有比急躁冒进更大的,祸患的事没有比贪图利益更大的。急躁冒进的人必然不安分,贪图利益的人欲望没有满足的时候。以一颗不安分的心,加上永不满足的欲望,很少有不招致羞辱和遭受祸患的。

改 过

扫码听解读

17.三过而不改者，是为玩①过；三祸而不惧者，是为乐祸。斯其人终不可与入尧舜之道也。（卷第四十五·泾野子内篇）

【注释】①玩：轻慢，轻视。

【译文】多次犯错而不知道改正的人，说明他把过错不当回事；经历多次祸患却不知道畏惧的人，说明他心甘情愿遭遇祸患。这样的人终身都难以引导他进入尧舜所传的圣贤大道。

18.人有言曰：无口过易，无身过难；无身过易，无心过难。何如则可以无过矣？曰：心过莫大于克伐怨欲①，身过莫大于放辟邪侈②，言过莫大于诐淫邪遁③。三者交作，虽欲改诸，曷从而改诸？心过，根也；

身口之过，枝叶也。人能常除其私意，则大过之根拔矣。（卷第四十五·庸言）

【注释】①克伐怨欲：指好胜、骄傲、忌刻、贪婪四种恶德。语见《论语·宪问第十四》。

②放辟邪侈：指肆意作恶。放、侈：放纵；辟、邪：不正派，不正当。语见《孟子·梁惠王上》。

③诐淫邪遁：语见《孟子·公孙丑上》："诐辞知其所蔽，淫辞知其所陷，邪辞知其所离，遁辞知其所穷。"

【译文】有人说：没有口过容易，没有身过难；没有身过容易，没有心过难。怎样才可以无过呢？回答说：心过没有比好胜、骄傲、忌刻、贪婪四种恶德更大的了，身过没有比肆意作恶更大的了，言过没有比偏颇、过激、邪曲、躲闪的言论更大的了。三者交相发作，即使想去改正，从哪里去改呢？心过，是根本；身过、口过，是枝叶。人如果能常常去除自己的私心，那么大过的根就拔除了。

19. 语曰："人非圣人，孰能无过？"此浅言也。夫圣人岂无过哉？惟圣人而后能知过，惟圣人而后能改过。孔子谓五十学易，可无大过。文王视民如伤，望道如未之见。是故贤人之过，贤人知之，庸人不知也。圣人之过，圣人知之，贤人不知也。欲望人绳愆纠谬而及于其所不知，难已。（卷第三十二·清史稿二）

【译文】俗话说："只要不是圣人，谁能做到不会犯错？"这话还是说得浅了。圣人难道就没有过错了吗？只是圣人犯了错后能够深刻认识自己的过失，也只有圣人知道自己的过失后能够彻底改正。孔子说，给我五到十年的时间来深入学习《易经》，可以不让自己犯大错。周文王视民如伤，寻求大道，却仍然像未领悟大道一样没有丝毫自满。因此，贤人犯了过失，贤人自己心里清楚，但是庸人却没法觉察。圣人犯的过错，只有圣人自己清楚，贤人看不到。希望别人对他所不知道的东西进行劝谏，这实在是太难了。

20. 勿内荒于色，勿外荒于禽，勿贵难得之货，勿听亡国之音。内荒伐人性，外荒荡人心，难得之货侈，亡国之声淫。（卷第十四·旧唐书八）

【译文】内荒不要沉溺于女色，外荒不要流连于游猎，不要珍爱难得之宝物，不要聆听亡国的靡靡之音。内荒会妨害人性,外荒会动摇人心,难得之物使人奢侈,亡国之声使人淫逸。

迁 善

扫码听解读

21.夫善言，身之文也，不善则疵。善行，身之舆也，不善则败。君子审取舍之权，则知言行之机。（卷第四十二·迹言）

【译文】善言，是身体的文饰，一言不善，就成了瑕疵。善行，是身体的车驾，一行有失，车驾就会破败。君子懂得审慎地衡量取舍，就知道言行的关键所在。

22.夫为人之理，他人之善者从之，则可谓善矣。（卷第二十二·金史）

【译文】做人的道理是，看到他人有善言善行，能够立即效法跟随，就可以说是善人了。

23. 人虽至愚, 责人则明; 虽有聪明, 恕己则昏。苟能以责人之心责己, 恕己之心恕人, 不患不至圣贤地位也。（卷第十九·宋史四）

【译文】即使是十分愚钝之人, 在责求他人的时候则表现得很明白; 即使是十分聪明的人, 一旦有了宽恕自己的心, 立刻就糊涂了。一个人如果能把责求他人之心用来责求自己, 宽恕自己之心来宽恕他人, 就不担心不能达到圣贤的境界了。

24. 居高位者易骄, 处佚乐者易侈。骄则善言不入, 而过不闻; 侈则善道不立, 而行不顾。如此者, 未有不亡。（卷第二十六·明史二）

【译文】身居高位的人容易产生骄纵之心, 身处悠闲安乐的人容易产生奢侈之心。骄纵则听不进善意之言, 对过错不闻不问; 奢侈则走不了正道, 而毫不顾忌自己的行为。像这样的人, 没有不身灭家亡的。

因　果

扫码听解读

25.臣闻求木之长者，必固其根本；欲流之远者，必浚其泉源；思国之安者，必积其德义。源不深而岂望流之远，根不固而何求木之长？德不厚而思国之治，虽在下愚，知其不可，而况于明哲乎！（卷第九·旧唐书三）

【译文】臣听说要想让树木长得高大，必须根本牢固；要想河水流得长远，必须源头畅通；要想安定国家，必须积累道德仁义。源头不畅通却希望水流长远，根底不牢固却祈求树木茁壮，道德仁义不深厚却想要国家安定，即使是下愚之人，也知道那是不可能的，更何况对于明智的哲人呢！

26.臣闻国祚长短，在德厚薄，不在历数。三代尚

矣，三代而下，最久莫如汉、唐、宋，最短莫如秦、隋、五代。其久也以有道，其短也以无道。（卷第二十六·明史二）

【译文】臣听说国运长短，在于德政的厚薄，不在于历数。夏、商、周三代的国运是最久的，三代以下，国祚最长的莫过于汉、唐、宋，时间最短的莫过于秦、隋、五代。国祚长是因为有道，国祚短是因为无道。

27. 积善余庆，积恶余殃，高门待封，扫墓望丧，岂非休咎之应邪？佛经云轮转五道，无复穷已，此则贾谊所言，千变万化，未始有极，忽然为人之谓也。佛道未东，而贤者已知其然矣。至若鲧为黄熊，杜宇为鹈鸠，褒君为龙，牛哀为兽，君子为鹄，小人为猿，彭生为豕，如意为犬，黄母为鼋，宣武为鳖，邓艾为牛，徐伯为鱼，铃下为乌，书生为蛇，羊祜前身，李氏之子，此非佛家变受异形之谓邪？（卷第六·隋书下）

【译文】积善之家必有余庆，积不善之家必有余殃，于公将大门修得高大等待封赏，严延年的母亲为严延年准备葬身之地，这难道不是善恶的报应吗？佛经说五道轮回，没有穷尽，这也就是贾谊所说的，生命千变万化，没有终极，不过偶然投胎转生为人的道理。佛教未东传之时，贤达的人就已深知这个道理了。至于鲧转生为黄熊，杜宇转生为鹈鴂，褒君转生为龙，牛哀转生为兽，君子转生为天鹅，小人转生为猿猴，彭生转生为猪，如意转生为犬，黄母转生为鼋，宣武转生为鳖，邓艾转生为牛，徐伯转生为鱼，铃下转生为乌，书生转生为蛇，羊祜前身是李氏的儿子，这难道不是佛家所说的生命变化不同身形的道理吗？

28.《书》云："惠迪①吉，从逆凶。"言顺道则吉，从逆则凶。《诗》云："自求多福。"则祸福之来，咸应行事，若苟为非道，则何福可求？（卷第十三·旧唐书七）

【注释】①惠：顺应。迪：道，天道。

【译文】《尚书》上说："惠迪吉，从逆凶。"意思是顺应正道则吉利，违背大道则凶险。《诗经》上说："自求多福。"是说福气是靠自己的行为感召来的。所以祸福的来临，都应验于自身的行为，假如行为违背天理，那么什么福可以祈求到呢？

祸　福

29.天道福善祸淫,事犹影响。（卷第三十八·贞观政要）

【译文】天道是使善人获福、恶人遭祸,就如影子追随物体,敲打就有回声一样快速。

30. 或问:人生于世,何以免于祸害? 薛子曰:尝闻之,福为祸先,利为害本。唯不求福,斯无祸矣;唯不求利,斯无害矣。（卷第四十五·薛子庸语）

【译文】有人问:人生在世,怎么做才能免于灾祸呢? 薛子回答说:我曾经听说过,福分是灾祸的先兆,利益是灾祸的根本。只有不去妄求非分之福,才没有祸患;只有不去妄求分外之利,才没有灾害。

31. 祸福相倚，吉凶同域，唯人所召，安可不思？

（卷第九·旧唐书三）

【译文】祸福可以相互转化，吉凶必定连在一起，祸福吉凶都是自己召来的，怎能不思考。

32. 祸福同根，妖祥共域。祸之所倚，反以为福；福之所伏，还以成祸。（卷第三十六·刘子）

【译文】祸患与福祉根源相同，妖异与祥瑞共处一地。祸患所依靠的，反而可能是福祉；福祉所隐藏的，反过来也许成为祸患。

33. 福者祸之先也，利者害之始也，恩者怨之媒也，誉者毁之招也。君子不要福，故无祸矣；不求利，故无害矣；不广恩，故无怨矣；不敢誉，故无毁矣。（卷第四十一·刍言）

【译文】福禄是灾祸的先兆，获利是损害的开始，恩惠是怨恨的媒介，称誉会招致毁谤。君子不求取福禄，所以没有灾祸；不求取财利，所以没有损害；不广布恩惠，所以不会和人结怨；不接受称誉，所以没有人毁谤。

34.行高而自卑者，裕身之道也；行卑而自高者，速祸之道也。（卷第四十二·迩言）

【译文】品行高尚而自我谦卑，是安身避祸的途径；品行低劣而自视清高，是招致祸患的途径。

35.为善不必福，福在其中；为恶不必祸，祸在其中，是天道也。（卷第四十二·迩言）

【译文】行善不必等到福报降临，福已经在其中了；作恶不必等到恶报降临，祸患已经在其中了，这就是天道。

36.世有为善不得福，而善念旋隳①**者；有为不善不得祸，而恶念遂肆者，皆未明乎积之义也。积，非一朝一夕之故，以渐而成。如积钱然，一日一钱，千日千钱。当其初未尝有富名，久之始成为富。善、不善之积亦然。惟积斯久，非久不足以见诚。偶行善，谁则**

不能，偶犯一不善，贤者不免，所判在积耳。或积之数
年、数十年而后验，或横之数世、数十世而后验。报速
者小，报迟者大。故为一小善勿谓无益，此即受庆之
基，特患不积耳。为一小不善勿谓无伤，此即受殃之
本，特幸不积耳。明乎积之义，而善者可以勉矣，为不
善者可以畏矣。（卷第三十三·清史稿三）

【注释】①隳：通"惰"，懒惰，怠慢。

【译文】世上有因为行善没有即刻获得福报，而善
念就立即懈怠的人；有行不善却没有立即招致灾祸，于
是就开始放纵恶念的人，他们都是不明白积累的含义。
积累，不是一朝一夕的，需要渐渐形成。就像积蓄钱财一
样，一天积存一钱，一千天就有一千钱。当初不曾有富
人的名声，久而久之就成为富人。善恶的积累也是如此。
只有积累得长久才行，时间不长不足以见到效果。偶尔
行善，谁不能做？偶尔犯一次恶行，贤人也都在所难免，
所评定的在于积累多少而已。有的积累几年、几十年然
后才应验，有的横行几代、几十代然后才遭报应。报应
快的小报，报应慢的大报。因此行一次小善不要认为是
无益，这是承受福庆的基础，只是担心不能日积月累而
已。行一次小恶不要认为没有关系，这是遭受灾殃的根

本，只是庆幸没有积累而已。明白积累的含义，行善的人就可以因此而进一步勉励自己，行恶的人则可以因此而心生畏惧了。

辨　物

扫码听解读

37. 薛子曰：几也者，君子之所惧也。审几者贤，见几者圣，知几者神。（卷第四十五·薛子庸语）

【译文】薛子说：几，是事物发展的细微预兆，是君子之所以恐惧的。能够谨慎对待事物细微变化的人是贤人，从一开始就能够看出事物细微变化的人是圣人，能够预知事物细微变化的，就算得上是神人了。

38. 善言天者，必质之于人，善言人者，亦本之于天。（卷第十四·旧唐书八）

【译文】善于谈论自然规律的，必会以人情事理作为依据；善于谈论人情事理的，也必定会以自然法则作为根本。

39. 郁离子曰："善疑人者，人亦疑之；善防人者，人亦防之。善疑人者，必不足于信；善防人者，必不足于智。知人之疑己而弗舍者，必其有所存也；知人之防己而不避者，必其有所倚也。"（卷第四十三·郁离子）

【译文】郁离子说："善于猜疑他人的人，别人也会不相信他；善于防范他人的人，别人也在防范他。善于猜疑他人的人，一定不值得他人信任；善于防范他人的人，一定不是一位明智之人。知道他人怀疑自己却不加回避的人，一定有他不肯舍弃的理由；知道他人防范自己却不加防范的人，一定有他可以倚仗的地方。"

40. 君子积学所以明道，明道所以辨物，辨物所以爱材，爱材所以理政，理政所以济时，济时所以庇国。（卷第五十·浮邱子）

【译文】君子通过积累学问可以明白大道，明白了大道就有了分辨是非善恶的能力，有了分辨是非善恶的能力才会懂得爱惜人才，懂得爱惜人才才能治理国政，能治理国政才能济世救民，能济世救民才是从根本上庇护自己的国家。

扫码听解读

笃　敬

41. 敬也者，恭之笃于内者也；恭也者，敬之笃于外者也。内外一于恭敬，则身修矣；上下一于恭敬，则天下平矣。（卷第四十五·庸言）

【译文】敬是一个人恭敬诚笃的内在表现，恭是一个人恭敬诚笃的外在表现。人身心内外都统摄在恭敬上，那么修身的功夫就完成了；朝廷上下都统摄在恭敬上，天下就安定了。

42. 诚敬既立，本心自存。力行既久，全体皆仁。举而措之，家齐国治，圣人能事毕矣。（卷第三十·明史六）

【译文】一个人有了诚信恭敬之意，他的本心就自然存在。长期身体力行去实践，则自身内外都符合仁义。推而广之，家国都能得到治理，就能完成圣人的功业了。

43. 作官者，虽愚夫、愚妇，皆当敬以临之，不可忽也。（卷第四十四·读书录）

【译文】做官的人，即使是面对普通百姓，也应当保持恭敬的态度，不可以轻慢。

44. 礼之所先，莫大乎敬；礼之所弊，莫甚于慢。故以敬事天则神降，以敬理国则人和；以慢事天则神欺，以慢理国则人殆。（卷第四十·两同书）

【译文】礼的首要之事，莫过于恭敬；礼最忌讳的，莫过于怠慢。因此，以恭敬的态度来事奉上天，天神就会降临赐福，用恭敬的态度来治理国家，国家就会政通人和；以怠慢的态度来事奉上天，就会受到天神的惩罚，用傲慢的态度来治理国家，就会人心懈怠。

45. 富贵近人，人以为谦；贫贱近人，人以为谄。

故富贵宜自下，贫贱宜自守。自下者，人爱之；自守者，人敬之。（卷第四十二·迩言）

【译文】富贵的人亲近别人，别人会认为他是谦虚；贫贱的人靠近别人，别人会认为他是谄媚。因此富贵的人应当保持谦恭，贫贱的人应当坚定自己的操守。能够谦恭的人，人们就会喜欢他；能够坚定自己操守的人，人们就会敬重他。

46.帝王之治，必以敬天法祖为本。合天下之心以为心，公四海之利以为利，制治于未乱，保邦于未危，夙夜兢兢，所以图久远也。（卷第三十一·清史稿一）

【译文】君王治理国家，一定要以敬顺天意、效法祖先为本。把百姓的心愿当作自己的心愿，把百姓的共同利益作为自己的利益，保持天下大治，避免发生动乱，保护国家免于危亡，因此时刻兢兢业业地处理事务，以实现国家的长治久安。

47. 能知非则心不期敬而自敬，不见过则心不期肆而自肆。敬者君子之招而治之本也，肆者小人之媒

而乱之阶也。（卷第三十二·清史稿二）

【译文】如果能明辨是非，那么心不需刻意去追求恭敬也能做到敬事一切；如果对错误的东西熟视无睹，那么当心还没意识到"放纵"时便已经在恣意妄为了。时刻恭敬，这是君子治世之基，也是政治安定之本；放纵身心，这是招引小人的媒介，也是政治混乱的开端。

诚　信

48.天失信，三光不明；地失信，四时不成；人失信，五德①不行。（卷第三十九·素履子）

【注释】①五德：指仁义礼智信。

【译文】上天如果不讲诚信，则日月星不会发光；大地如果不讲诚信，就会影响一年四季的农时；人如果不讲诚信，五德就无法施行。

49.天道至大而无外，本天之大以修道，故宽，宽则得众；天德至诚而无妄，本天之诚以立德，故信，信则人任焉；天行至健而无息，本天之健以笃行，故敏，敏则有功；天理至明而无私，本天之明以顺理，故公，公则说。弘者，宽之本也；毅者，敏之本也；敬者，信之本也；义者，公之本也。（卷第四十五·庸言）

【译文】天道至大无外，依据天的广大来修道，心地就会宽广，心地宽广就会得到民众的支持；天德至诚没有虚妄，依据天的至诚来立德，因此信实，信实就会得到别人的信任；天道的运行刚健没有止息，依据天的刚健来笃行，因此勤敏，勤敏就会有功绩；天理至明没有私心，依据天的至明来顺理，因此公正，公正就能使百姓悦服。弘大是宽广的根本，刚毅是勤敏的根本，庄敬是信实的根本，道义是公正的根本。

50. 子曰："处贫贱而不慑，可以富贵矣；僮仆称其恩，可以从政矣；交游称其信，可以立功矣。"（卷第三十六·中说）

【译文】文中子说："身处贫贱却不畏惧，这样的人就可以富贵了；家僮与仆役都感其恩德，这样的人就可以从政了；往来的朋友都认为他有诚信，这样的人就可以建立功勋了。"

扫码听解读

养　心

51. 先生曰："志在荣身^①者，未必能荣其身；志在荣名^②者，未必能荣其名。故君子以正心为本，务实为要。"（卷第四十五·泾野子内篇）

【注释】①荣身：荣显其身。

②荣名：荣获美名。

【译文】泾野子说："志在荣显其身的，未必能达到荣显的愿望；志在荣显其名的，未必能获得名誉。因此，君子以正心为根本，只要存心端正，然后任何事情踏踏实实去做就行了。"

52. 养心莫善于寡欲，审能行之，则心清而身泰矣。（卷第二十六·明史二）

【译文】养心莫过于少欲，若能审慎而行，便可心清身泰了。

53. 有志于天下国家者，必先明诸心。能明诸心，天下国家可从而理也。不明诸心，而欲有为于天下，譬诸操不舵之舟，以之航海，鲜不覆矣。（卷第四十六·浑然子）

【译文】有志于天下国家的人，一定要做到先让自己的心地清明。自己心地清明了，然后才可以谈论治理天下国家的大事，自己心地不清明，却妄想要做好天下大事，就好像驾驶着一艘没有舵盘的船在海上行走，很少有不翻船的。

54. 存心莫大于仁，正心莫急于礼，生于其心而复以成其心，天人之道也。（卷第四十二·迩言）

【译文】修养内心没有比怀有仁爱更重要的事情了，端正内心没有比遵循礼义更急切的事情了，正念产生于内心而又使内心得到进一步完善，这是上天和世人所共同遵循的道理。

55. 心者，诚之宅也，家国天下，诚之达也。天下可欺也，国人不可欺；国人可欺也，乡邻不可欺；乡邻可欺也，妻子不可欺；妻子可欺也，方寸不可欺。（卷第四十二·迩言）

【译文】内心是真诚的居所，家国天下，是真诚通达施展的地方。纵然天下人可以被欺骗，但是封国内的百姓无法被欺骗；纵然封国内的百姓可以被欺骗，但是乡亲邻里无法被欺骗；纵然乡亲邻里可以被欺骗，但是妻子儿女无法被欺骗；纵然妻子儿女可以被欺骗，但是自己的内心无法被欺骗。

谦 虚

扫码听解读

56. 夫四道①好谦，三材②忌满，祥萃虚室，鬼瞰高屋。丰屋有蔀家③之灾，鼎食无百年之贵。然而徇欲厚生者，忽而不戒，知进忘退者，曾莫之惩。前车已摧，后銮不息，乘危以庶安，行险而徼幸，于是有颠坠覆亡之祸，残生夭命之衅。其故何哉？流溺忘反，而以身轻于物也。（卷第一·宋书）

【注释】①四道：语本《周易》："天道亏盈而益谦，地道变盈而流谦，鬼神害盈而福谦，人道恶盈而好谦。"

②三材：指天、地、人。

③蔀家：谓大其屋而家设棚席。语本《易·丰》："丰其屋，蔀其家，窥其户，阒其无人。"

【译文】天地、鬼神和世人所奉之道都崇尚谦德，世间的天地人三才，也最忌讳盈满，吉祥会聚集在虚室之中, 鬼魅会俯视高大之屋。富贵之家的大房子最终可能遭难, 变成棚户贫家, 钟鸣鼎食不会有长享百年的富贵。然而纵欲贪生之人, 忽视这些情况而又不知警戒, 只知加官进爵而不知急流勇退, 居然也没有受到教训。前车已毁, 后面的车子仍不知停息, 攀登高处而希望安全, 行走险地却心存侥幸, 这样必定有颠覆坠亡的灾殃, 残生短命的祸乱。这是什么原因呢? 是因为流连沉溺于功名利禄而忘返, 把生命看作比俗世之物还轻啊。

57. 圣人设教, 欲人谦光。己虽有能, 不自矜大, 仍就不能之人求访能事。己之才艺虽多, 犹以为少, 仍就寡少之人更求所益。己之虽有, 其状若无。己之虽实, 其容若虚。非唯匹庶, 帝王之德, 亦当如此。

（卷第九·旧唐书三）

【译文】圣人教化众人, 是要使人懂得谦虚, 光大美德。自己虽有才能, 不自夸自满, 仍然向才能低的人请教他们擅长的事。自己技艺虽多, 还感到不足, 仍然向技艺少的人请教以增加自己的技艺。自己已经具备才能德行, 要仍然当作还没具备一样。自己已经拥有很多, 但仍然像一无所有一样。不但平民百姓要这样做, 帝王修养德行, 也应当如此。

58. 才多而好谦, 贫贱而不谄, 处劳而不为辱, 贵富而益恭勤, 可谓有德者也。（卷第三十七·亢仓子）

【译文】多才又喜好谦虚, 贫贱却不谄媚, 身处劳苦之境却不感到耻辱, 身处富贵而更加恭谨勤勉, 做到这些便可以称得上是有德行的人了。

扫码听解读

至　公

59.济大事者，必顺人情乎? 天下所共好，与好之；天下所共恶，与恶之。庶政之张弛，人材之举错①，皆与天下为公，而不以己私，则天下服矣。（卷第四十八·汪子中诠）

【注释】①错：通"措"，措置，这里表示任命。

【译文】一个人想要成就大事，必定要顺应人的常情。天下人都喜欢的，跟着他们一起喜欢；天下人都讨厌的，跟着他们一起讨厌。国家一切政务处理的缓急，人才的选拔和任命，都合乎天下为公的理念，而不是凭借自己的私欲，那么天下的人就顺服了。

60.凡治民之体，先当治心。心者，一身之主，百行之本。心不清净，则思虑妄生。思虑妄生，则见理不

明。见理不明，则是非谬乱。是非谬乱，则一身不能自治，安能治民也！是以治民之要，在清心而已。夫所谓清心者，非不贪货财之谓也，乃欲使心气清和，志意端静。心和志静，则邪僻之虑，无因而作。邪僻不作，则凡所思念，无不皆得至公之理。率至公之理以临其民，则彼下民孰不从化。是以称治民之本，先在治心。

（卷第四·周书）

【译文】大凡治理百姓的大体，首先应当从修养内心开始。内心是身体的主宰，各种行为的根本。内心不清净，就会妄念丛生。妄念丛生，就会不明事理。不明事理，就会是非混淆。是非混淆，连自身都不能修养好，哪还能治理百姓呢？因此治理百姓的关键，在于内心清净。所谓内心清净，不是仅指不贪图财物，而是要让内心清净平和，意志端正沉静。能够做到心气和平，意志沉静，那么邪恶之念就无从产生。邪恶的念头不产生，那么所思考的事情，就会都符合公正的道理。用公正无私的道理来治理百姓，那么百姓还能不接受教化吗？因此说治理百姓的根本首先在于修养内心。

61. 君子小人之分，在义利而已。小人才非不足

用，**特心之所向，不在乎义。故希赏之志，每在事先；奉公之心，每在私后。**（卷第二十·宋史五）

【译文】君子和小人的区别，在于道义和利益而已。小人的才能不是不足以任用，只是小人心中所想的，不在于道义。因此，小人常常事还没做成，就有了希望得到恩赏的想法；而奉公之心，总是摆在私利之后。

62. 夫贤者以公为心，以爱为心，不为利回，不为势屈，置之周行，则庶事得其正，天下被其泽，其于人国，重固如此也。（卷第二十四·元史下）

【译文】贤明的人以公义为心，以仁爱为心，不为私利改变，不为权势屈服，委任他们推行善道，那么所有的事情都能够合乎规则，天下人都能受到他的恩泽，这些人对于国家，就是如此重要。

至 慎

扫码听解读

63.天下国家之存亡、身之生死，只系"敬""怠"两字。敬则慎，慎则百务修举；怠则苟，苟则万事隳颓。自天子以至于庶人，莫不如此。（卷第四十七·呻吟语）

【译文】天下国家的存亡、自身的生死，只在"敬""怠"这两个字上。恭敬就会谨慎，谨慎则各种事情都会处理得妥当；懈怠就会敷衍，敷衍则各种事情都会毁坏衰败。从天子到平民百姓，没有例外的。

64.百川之水，始于涌滴；燎原之火，始于灼烁；参天之木，始于萌芽。势有必至，理有固然，察微知著，圣人所以慎之于始也。（卷第四十七·独醒子）

【译文】江河之水，都开始于地下涌出的细流；焚烧原野的火势，都开始于灼热的微焰；高耸天际的树木，都开始于萌发的新芽。事物的发展变化有其必然的趋势，其基本的规律是不会改变的。从小见大，察近知远，这就是圣人凡事从一开始就特别小心谨慎的原因啊！

65. 凡天下事不可轻忽，虽至微至易者，皆当以慎重处之。慎重者，敬也。当无事时，敬以自持；而有事时，即敬以应事。务必谨终如始，慎修思永，习而安焉，自无废事。（卷第五十·庭训格言）

【译文】对天下所有的事情都不可以轻视忽略，即使是最细微、最简单的事情，都应以慎重的态度对待。慎重，就是时刻心怀诚敬。无事时，用诚敬来坚持自守；有事时，就用诚敬来应对处理。一定要做到慎终如始，谨慎修行的同时还要时时想着要一直坚持下去，如此养成习惯，原先一颗浮躁的心就会渐渐安定下来，自然就不会有衰败的事情。

66. 凡理大小事务，皆当一体留心。古人所谓防微杜渐者，以事虽小而不防之，则必渐大。渐而不杜，必

至于不可杜也。（卷第五十·庭训格言）

【译文】但凡处理大小事务，无论大小，都要同样留心观察。古人所说的防微杜渐，是因为事情虽然微小，但是不加以制止的话，就会逐渐变大。逐渐变大后还不加以杜绝，必定会造成无法制止的后果。

修身

扫码听解读

孝　亲

67. 大夫行孝，行合一家；诸侯行孝，声著一国；天子行孝，德被四海。（卷第三·魏书）

【译文】大夫遵行孝道，就能团结和睦全家；诸侯遵行孝道，就能声名闻于全国；天子遵行孝道，就能德教泽被四海。

68. 人之立身，虽百行殊途，准之四科①，要以德行为首。君若能入孝出悌②，忠信仁让，不待出户，天下自知。傥不能然，虽复下帷③针股，蹑屩④从师，正可博闻多识，不过为土龙乞雨，眩惑将来，其于立身之道有何益乎？（卷第三·魏书）

【注释】①四科：孔门四种科目。指德行、言语、政事、文学。

②入孝出悌：语出《论语·学而》："子曰：'弟子入则孝，出则悌。'"谓回家要孝顺父母，出外要敬爱兄长。

③下帷：本指放下帷幕，开课授业。后比喻深居专心苦读，不与闻外事。

④蹑屩：穿草鞋行走。

【译文】人生在世，立身处事，虽然有各种不同的行为途径，但如果认孔门四科为标准，应当把德行放在第一位。你如能回家则孝顺父母，出外则敬爱兄长，忠信仁让，便可以足不出户，就能闻名天下。如不能这样，即使放下帷幕，不闻外事，专心苦读，就算头悬梁，锥刺股，跂着草鞋跟随老师，也只能做到博闻多识，不过是向土龙求雨，自己迷惑自己和后人罢了，这对于立身处事又有何益处呢？

69.子孝臣忠，师严友信，立身之要，如斯而已。若不事斯语，何以成名。各宜自勉，克成令誉。（卷第四·周书）

【译文】为人子应该孝顺，为人臣应该忠诚，做老师应该严格，做朋友应该讲信用，处世安身的要道，如此而已。如果不是这样去做，怎么能够成就自己的德名。

各位应当自勉，去成就各自的美誉。

70. 孝者，善事父母，自家刑国，忠于其君，战陈勇，朋友信，扬名显亲，此之谓孝。（卷第八·旧唐书二）

【译文】所谓孝，就是要善于事奉父母，从家庭到国家都能够作为榜样，在国忠于其君，在战场上表现勇敢，结交朋友守信，扬名于后世让父母双亲显耀，这就是孝。

71. 夫人穷达有命，不在巧图，惟忠孝乃吾事也。（卷第二十一·宋史六）

【译文】人的困顿和显达是由命运决定的，不在于取巧谋取，唯有忠诚和孝顺才是我们应当做的事。

72. 夫孝，百行之源也，通乎神明，光乎四海。尧舜大圣也，孟子称之曰"孝弟而已"。故君子莫大乎爱亲！（卷第四十四·白沙先生至言）

【译文】孝，是各种品行的源头，孝悌之道，能够通于神明，光耀四海。尧舜是道德完善、智能超绝、通晓万物之道的圣人，孟子称他们的德行不过是"孝悌而已"。所以，君子的德行没有比敬爱父母更大的了！

扫码听解读

贵　德

73. 恶木之阴，不可暂息；盗泉之水，无容误饮。得财失行，吾所不取。（卷第四·周书）

【译文】恶臭树木下的阴凉，即使再炎热也不能在下面短暂休息；盗泉中的水，哪怕再渴也不能一时误饮。获得钱财却丧失德行的事情，我不愿意这样做。

74. 古人云：富贵者，人之怨也。贵则神忌其满，人恶其上；富则鬼瞰其室，虏利其财。自开辟已来，书籍所载，德薄任重而能寿考无咎者，未之有也。（卷第十一·旧唐书五）

【译文】古人说：富与贵，是会招人怨恨的。如果显贵，神灵会忌恨他的盈满，众人厌恶他的地位太高；如果富裕，鬼神会觊觎他的家室，盗寇图谋他的财产。自开天辟地以来，经书典籍中所记载的，德行浅薄而地位高贵还能够获得长寿、没有过咎的人，从来没有过。

75. 人禀五常，仁义为重；士有百行，孝敬为先。自古哲王，经邦致治，设教垂范，皆尚于斯。叔世浇讹①，人多伪薄，修身克己，事资诱劝。（卷第十四·旧唐书八）

【注释】①叔世：末世，衰乱的时代。浇讹：风俗浮薄多诈伪。

【译文】人们奉行五常之道，尤其以仁义为重；士人有百种德行，而以孝敬父母为先。自古圣明的君主治理国家，推行教化，垂示范例，都对这些事情很推崇。道德衰乱的年代，风气浮薄欺诈，人们也多诈伪凉薄，能够修养自身约束自己的人，才有资格劝导世人。

76. 夫聪明睿智之主，文武仁圣之君，乃天生圣德，本无不备。然万几之顷，或相感触，则意念之起，如重翳之蔽白日。故虽大圣，必兢兢戒谨，常加存养省察之功，节其嗜欲，惩其忿怒，清明在躬，志气如神，则犹青天白日，万物咸仰，圣德加盛，圣寿万

年。传曰："有大德者，必得其寿。"此之谓也。（卷第二十六·明史二）

【译文】聪明睿智之主，文武仁圣之君，是天生的圣德之人，本来就什么都具备。然而处理政务时，可能心生感触，则有了别的念头，如同遮蔽白日的重重物障。所以即使是至圣，仍会小心谨慎，常常存心养性、反省自身，节制嗜欲，惩窒忿怒。人的心地光明正大，头脑清晰明辨，意志和气度就会有如神明，如同青天白日，万物仰慕，圣德加盛，圣寿万年。古书上说："德行高尚的人，必然得到长久的寿命。"说的就是这个道理。

77. 文中子曰："其名弥消，其德弥长；其身弥退，其道弥进。此人其知之矣。"（卷第三十六·中说）

【译文】文中子说："一个人的世俗的浮名越减少，他的德行反而越容易成就；越能在竞相追逐的名利场中退身自守，他的道行才越能够日益精进，这一点是人们一定要好好弄明白的啊！"

78. 古之有德者，韬迹隐智，以密①其外；澄心②封

情，以定其内。内定则神府不乱；处密则形骸③不扰。以此处身，不亦全乎?（卷第三十六·刘子）

【注释】①密：通"谧"。安宁，安定，安静。

②澄心：使心情清静。

③形骸：人的躯体。

【译文】古代有德行的人，藏匿踪迹，不露才智，以屏蔽外缘；净化心灵，斩断私情，以安定内心。内在安定精神就不会混乱，外缘清静生活就不会受到干扰。用这个方法来安身，难道不是很周全吗?

扫码听解读

自 省

79. 枚叔①**有言：“欲人不闻，莫若不言；欲人不知，莫若勿为。御寒莫如重裘，止谤莫若自修。”**（卷第三十六·金楼子）

【注释】①枚叔：即枚乘，字叔，西汉淮阴（今江苏淮阴）人。初为吴王刘濞郎中。刘濞欲反汉，他上书劝止，濞不听，遂与邹阳等去吴，到梁国为梁孝王客。吴楚七国之乱时，再次上书吴王，劝其罢兵，濞又不听，终遭覆灭，枚乘由此知名于时，景帝任为弘农都尉，他不乐为郡吏，以病去官。武帝即位，慕其名，以安车蒲轮征召入京，死于途中。善辞赋，著有赋九篇，今部分尚存。

【译文】枚乘有句话说：“如果不想让别人听到你的言论，不如自己不去说；如果不想让别人知道你的行为，不如自己不去做。要驱除严寒，没有比穿上厚袄更好的办法；要制止别人诽谤，没有比加强自身修养更好的办法。"

80.王文舒曰："人或毁己，当退而求之于身。若己有可毁之行，则彼言当矣；若己无可毁之行，则彼言妄矣。当则无怨于彼，妄则无害于身。又何反报焉。且闻人毁己而忿者，恶丑声之加己，反报者滋甚，不如默而自修也。"（卷第三十六·金楼子）

【译文】王文舒说："一个人如果遇到有人诋毁自己，应当退一步反省自己。如果自己确实有可被别人诋毁的行为，那么别人的诋毁就是恰当的了；如果自己没有什么可被诋毁的行为，那么别人的话就是荒谬的。如果所言恰当，就不能埋怨别人；如果所言荒谬，对自己也没有什么危害。何必反去报复呢？再说，听见别人诋毁自己便发怒，是憎恶别人败坏自己的名声，与其让人家更起劲地诋毁你，还不如默默地去修养自身。"

81.古语云："不鉴于镜而鉴于人，鉴镜则辨形，鉴人则悬知善恶。"是知鉴于人胜鉴乎镜矣。（卷第三十六·金楼子）

【译文】古语说:"为人不应该只对照镜子,也应该对照别人来反省自己,对照镜子可以看到自己的形体,对照别人可以知道自己的善恶。"由此可知,通过别人对照自己胜过用镜子对照自己啊。

82. 夫知进而不知退,则践盈满之危;处存而不忘危,必履泰山之安①。(卷第三十六·刘子)

【注释】①泰山之安:像泰山一样稳固。形容十分稳固安定。

【译文】一个人只知道前进而不知道后退,就会满盈而招致危险;居安而思危,一定会十分安稳。

83. 薛子曰:"物虽金玉,必砥砺琢磨,斯成器也。人虽上知①,必省察克治②,斯成圣也。"(卷第四十五·薛子庸语)

【注释】①上知:智力超凡的人。

②省察克治:省察,检查自己的思想行为。克治,克制私欲邪念。

【译文】薛子说:"一件物品即使是金玉,也一定要经过锻炼琢磨,这才成为器具。一个人即使智力超凡,一定要有省察克治的功夫,这才成为圣人。"

扫码听解读

尚　学

84. 修德之要，莫先于学。学有缉熙于光明，则日新以底至治者，学之力也。（卷第十九·宋史四）

【译文】修养德行的要点，没有比学习更重要的。不断学习就能渐趋光明的境界，因此德行日益更新以达到太平之世，这是学习的效果。

85. 吾平生所学，得之"忠恕"二字，一生用不尽。以至立朝事君，接待僚友，亲睦宗族，未尝须臾离此也。（卷第十九·宋史四）

【译文】（范纯仁说：）我平生所学，都是从"忠恕"二字那里得到的，一生受用不尽。用来在朝廷上侍奉君王，迎接招待同僚朋友，使得宗族亲近和睦，不曾片刻离开这一点。

86. 人读书不至千遍，终于己无益。（卷第二十四·元史下）

【译文】读圣贤书，若不能学了用，用了学，反复递进，层层深入，终究无法真正收获经典的实益。

87. 学以为己，勿求人知。（卷第三十·明史六）

【译文】学习是为了自己明白，而不是为了让别人知道。

88. 玉不琢，不成器；人不学，不知道。若虽有天纵，曾无学术，犹若伯牙空弹，无七弦则不悲；王良失辔，处驷马则不疾。（卷第三十六·金楼子）

【译文】玉石不经过打磨雕琢，就不会成为精美的器物；人不学习，就不了解道理。如果拥有天赋，但不学无术，就像伯牙没有琴瑟而空弹，就弹不出悲伤的音乐；也像王良失去了缰绳，即使驾驭四匹马的车也跑不快。

89. 古之学者为己，以补不足也；今之学者为人，但能说之也。古之学者为人，行道以利世也；今之学者为己，修身以求进也。（卷第三十六·颜氏家训）

【译文】古人求学，纯粹是为了提升自己的德行，弥补自身的不足；现在许多人求学，却是为了向别人炫耀，只能夸夸其谈。古人求学是为了推行圣人之道以有益于世道，现在人求学是为了自身学问以谋求官爵。

师　友

扫码听解读

90.古之学者，必严其师①，敬其道也，守其道也，用其道也。敬其道，所以治身；守其道，所以治事，用其道，所以治天下。（卷第四十八·绎志）

【注释】①严其师：认真地对待老师。

【译文】古代学习圣贤之道的人，一定尊重他的老师，恭敬地对待老师的教导，遵行老师的教导，运用老师的教导。恭敬地对待老师的教导，是用来修养自己的身心；遵行老师的教导，是用来治理事务；运用老师的教导，是用来平定天下。

91.人虽性质美而心辨智，必求贤师而事之，择贤友而友之。自天子达于庶人，师友之益，无不同者。故君子莫患于自足，莫病于自乐，莫痛于不闻道，莫

苦于无良师友。（卷第四十八·绎志）

【译文】人就算禀性美好内心明辨事理，也一定要访求贤明的老师去事奉，选择贤良的朋友去结交。从君主到百姓，老师和朋友的帮助，没有什么不同。所以君子的忧患是自我感到满足，君子的疾病是自以为乐，君子的痛苦在于不闻大道，君子的苦恼是没有良师益友。

92. 君子有四择：择术然后学之，择师然后传之，择交然后亲之，择君然后事之。是以君子有终身之忧，无一朝之患也。（卷第四十一·公是先生弟子记）

【译文】君子在四个方面会进行谨慎地选择：谨慎选择一门技艺然后去学习它，谨慎选择一位老师然后去传习他的学问，谨慎择取朋友然后去和他亲近往来，谨慎选择君主然后去侍奉他。因此，君子担忧的是自己这一生的是非善恶与成败，而不是眼前一朝一夕的利害得失。

93. 是故学以聚之于博文，问以辨之于师友，宽以居之而涵理义，仁以行之而无利欲，道岂多术哉？（卷

第四十五·庸言）

【译文】因此，以学习来积累知识而博文，以多问明辨是非而取法师友，以宽容存心而涵容义理，以仁心行事而熄灭利欲心，求道难道会有很多的方式方法吗？

94. 学贵得师，亦贵得友。师也者，犹行路之有导也；友也者，犹陟险之有助也。得师得友，可以为学矣。（卷第五十·潜书）

【译文】修学贵在有老师的指导，也贵在有朋友的督促和勉励。老师就像走路时的向导，朋友就像穿越艰险时的手杖。有了良师益友，就能够为学了。

扫码听解读

慎　言

95. 口舌者，祸患之官，亡灭之府也；语言者，性命之所属，而形骸之所系也。言出患入，语失身亡。身亡不可复存，言出不可复追。其犹射也，悬机未发，则犹可止，矢一离弦，虽欲返之，弗可得也。（卷第三十六·刘子）

【译文】口舌，是祸患和灭亡的主宰；语言，是生命所属，身体所系。不好的话说出口，祸患就会进入；言语的过失，会招来杀身之祸。身躯灭亡便不复存在，话说出来就无法再追回。这就像射箭，箭还在弦上未发出，尚可以阻止；箭一旦离弦，即使想追回来，已经是不可能的了。

96. 夫言者，德之柄也，行之主也，志之端也，身

之文也，既可以济身，亦可以覆身。（卷第十一·旧唐书五）

【译文】言语是道德的体现，是行为的主导，是志向的开端，代表了个人的形象，既可以成就自己，也可以覆灭自己。

97. 明者慎言，故无失言；暗者轻言，身致害灭。（卷第三十六·刘子）

【译文】明智的人谨慎说话，所以不会说错话；愚蠢的人说话轻率，从而招致杀身亡家之祸。

98. 与人善言，暖于布帛；伤人以言，深于矛戟。赠人以言，重于金石珠玉；观人以言，美于黼黻①文章；听人以言，乐于钟鼓琴瑟。（卷第三十六·金楼子）

【注释】①黼黻（fǔ fú）：泛指礼服上所绣的华美花纹。

【译文】一个人友好地和别人说一些善意之言，会让人感觉比布帛还要温暖；一个人尖酸刻薄地讲话，恶语伤人，会给对方的心理带来很大的伤害，比用长矛利戟伤害人还要严重。君子把善言赠送给别人，价值比赠送金石珠玉还要贵重；向别人推荐劝善的文字，看上去会比礼服上的彩色花纹还要华美；让人时时听闻善言，远远比听钟鼓琴瑟还要快乐。

99. 夫言行在于美，不在于多。出一美言美行，而天下从之，或见一恶意丑事，而万民违之，可不慎乎？《易》曰："言行，君子之枢机。枢机之发，荣辱之主也。"（卷第三十六·金楼子）

【译文】言行在于美好而不在于多。君主如果有一句美好的言辞或有一个美好的行为，天下的人都会效仿他，如果出现一句不好的言论或是丑恶的事，万民都会背弃他，怎么可以不谨慎呢？《易经》上说："言论和行为，对君子来说好比是门户的转轴和箭弩的机关一样。门轴和机关的发动，决定了一个人的荣辱成败。"

100. 子曰："多言不可与远谋，多动不可与久处。吾愿见伪静诈俭者。"（卷第三十六·中说）

【译文】文中子说："对于多言的人不能和他作长远的谋划，对于多动的人不能与他长久相处。我情愿与那些假装沉静、貌似恭俭的人相处。"

101. 门有倚祸，事不可不密；墙有伏寇，言不可而失。宜谛其言，宜端其行。言之不善，行之不正，鬼执强梁，人因径廷。幽夺其魄，明夭其命。不服非法，不行非道。公鼎为己信，私玉非身宝。过缁为绀，逾蓝作青。持绳视直，置水观平。时然后取，未若无欲。知止知足，庶免于辱。（卷第四·北齐书）

【译文】祸患可能就在门边，事情不能不周密；盗寇可能就在墙外，言语不能不谨慎。应该端正言辞，更要端正品行。言辞不善，品行不正，鬼神也要惩罚残暴，人们也会囚禁无道悖德的人。在暗处，它可能会夺走你的魂魄；在明处，它也会夭折你的性命。不做非法，不行非道。以公正为自己取得信誉，个人拥有的珠玉珍宝并非可以护身的法宝。太黑就会变为绀色，太蓝就会变为青色。利用绳墨可以测量直不直，置水可以观测平与不平。时机合适再争取，不如清净无欲。知道适可而止，知道满足，则可免受折辱。

102. 人生受病，口过最易，故防口甚于防川。古讷言、切言、慎言、谨言，总之无所苟而已矣。一苟，非失心则怠行。故法古人之立言犹后，法古人之不苟于言，乃立身第一吃紧工夫。予衰矣，犹频犯此病，敬录以志吾过，并告我子弟。（卷第四十八·答问）

【译文】人生一世，最容易被人诟病的就是言语不慎，所以预防言语不慎要超过防备洪水带来的祸患。古人说讷言、切言、慎言、谨言，总而言之就是说话不要随意。一旦马虎随意地说话，不是有失公心就是行为怠慢。因此，要效法古人做在前而说在后，效法古人不随便言语，这些是处事立身头等重要的事情。我已经衰老了，所以老是犯这些毛病，记录下来我的过失，来告诫我的弟子。

惩 忿

扫码听解读

103. 夫斗者，忘其身也，忘其亲者也。行须臾之怒，而斗终身之祸，然而为之，是忘其身也。（卷第三十六·金楼子）

【译文】好斗的人，是因为忘记了自身安危，忘记了亲人的担忧。发泄一时的愤怒，而导致终身的祸患。一个人在这上面明知故犯，这就是忘记了自身安危。

104. 凡人处世，惟当常寻欢喜。欢喜处自有一番吉祥景象。盖喜则动善念，怒则动恶念，是故古语云："人生一善念，善虽未为，而吉神已随之；人生一恶念，恶虽未为，而凶神已随之。"此诚至理也夫！（卷第五十·庭训格言）

【译文】人处于世间，应当追求内心的喜悦安详。欢喜的地方，自有一番吉祥景象。这是因为一个人欢喜，就会生善念；发怒，就会生恶念。因此，古语说："人一旦生出一个善念，善事虽然还没有做，吉神却已随之而来；人一旦产生一个恶念，恶事虽然还没有做，凶神就已随之而来。"这确实是至高无上的道理啊！

韬 光

扫码听解读

105. 麟有利角，众兽不伏；凤有利觜，众鸟不宾；君有奇智，天下不臣。善驰者终于蹶，善斗者终于败。有数则终，有智则穷。巧者为不巧者所使，诈者为不诈者所理。（卷第四十·化书）

【译文】麒麟虽然有利角，但众兽不会降服；凤凰虽然有利嘴，但众鸟不会宾服；君主纵然智慧超群，但天下人并不会因此而臣服。擅长骑马的人最终会跌倒，善于打斗的人最终会失败，有定数就会有终结，有计巧就会有计穷。灵巧的人总是被不灵巧的人所驱使，机诈的人总是被不机诈的人所管理。

106. 福莫美于安常，祸莫危于盛满。天地间万物万事，未有盛满而不衰者也。而盛满各有分量，惟智

者能知之。是故卮以一勺为盛满，瓮以数石为盛满；有瓮之容而怀勺之惧，则庆有余矣。（卷第四十七·呻吟语）

【译文】没有比安守常道更大的福分，没有比骄傲自满更危险的祸害。天地间万物万事，没有盈满了却不衰落的。而盈满的程度各有不同，只有智者才能把握。小酒杯用一勺东西就可以盛满，而大瓮用数石东西才能盛满。有瓮的容量，而又有一勺之盈的畏惧感，那就吉庆有余了。

107. 良贾深藏若虚，君子盛德，容貌若愚。（卷第三十九·无能子）

【译文】善于经商的人懂得深藏财货，有盛德的君子懂得韬光养晦，往往外表看上去好像很愚笨。

行　善

扫码听解读

108. 人无为不祥也，而后受其祥。所谓不祥者，少陵长不祥也，贱干贵不祥也，愚蔽贤不祥也，强驾弱不祥也。少陵长，长亦或陵之；贱干贵，贵亦或干之；愚蔽贤，贤亦或蔽之；强驾弱，弱亦或驾之。其类还至也。（卷第四十一·公是先生弟子记）

【译文】一个人不做不祥之事，然后才能得到吉祥的福祉。所谓的不祥之事就是，年轻人欺凌长者就是不祥，低贱的人冒犯显贵的人就是不祥，愚者遮蔽埋没贤者就是不祥，强者凌驾弱者就是不祥。年轻人欺凌长者，也许有一天也会被长者所欺凌；低贱的人冒犯显贵的人，也许有一天也会被显贵的人所冒犯，而付出更高昂的代价；愚者压制贤者，也许有一天也会被贤者所摒弃；强者凌驾弱者，也许有一天会被弱者所反制。你平时怎么对待别人，最后都会以同样的方法回报到自己身上。

109. 草木之长，不见其有予而日修。磨礛①之砥，不见其所夺而日薄。为善之益无助长之功，为不善之损无伤手之迹。谓其为无所予而不为也，谓其为无所夺而不畏也，哀哉！（卷第四十一·刍言）

【注释】①磨礛（jiān）：打磨玉石用的青色磨石。

【译文】草木的生长，看不见天地给予它什么而草木却每天在生长。青色磨石的砥，看不见它被损减了什么却每天在变薄。行善的好处就像天地对草木没有助长的功效，但是其善德却在每天增长；行不善的损害就像磨石没有明显的减损，但是其德行却在每天亏缺。如果认为没有什么助益而不去行善，认为不会减损什么而无所顾忌地去作恶，这样的人就太悲哀了！

110. 为恶而不为恶所倾，恶亦足为矣；为善而不为善所成，善亦不足为矣。恶而终倾，善而终成，君子必舍彼而取此。（卷第四十二·迩言）

【译文】如果作恶不会有恶报，那就作恶好了；如果为善不会有善报，那就不必为善了。但是作恶终究会毁灭自己，为善终究会成就自己，所以君子一定会舍弃前者而取后者。

111. 枚乘曰：“积德累行，不知其善，有时而用；弃义背理，不知其恶，有时而亡。”（卷第四十四·读书录）

【译文】枚乘说：“积累仁德和善行，并没有感到它对自己有什么好处，但一定会有发挥作用的时候；抛弃仁义、违背天理，并没有感觉到它对自己有什么不好，但一定会有走向败亡的一天。”

扫码听解读

仁 义

112.薛子曰：先哲有言：王道之外无坦途，举皆荆棘；仁义之外无功利，举皆祸殃。至哉言乎！（卷第四十五·薛子庸语）

【译文】薛子说：先哲有言：王道之外没有坦途，全都是荆棘；仁义之外没有功利，全都是祸殃。这真是至理名言啊！

113.圣人以仁为宇，天下无不覆；贤智以仁为途，善类所共由。（卷第四十二·迩言）

【译文】圣人以仁爱之心做广厦，天下的事物没有不被覆盖其中的；贤达之人以仁爱之心为大道，天下善良之人都会经由此道。

114.孔曰成仁,孟曰取义,惟其义尽,所以仁至。读圣贤书,所学何事,而今而后,庶几无愧。(卷第二十一·宋史六)

【译文】孔子说成全仁德,孟子说就义而死,只有该担负的道义尽完了,仁爱就到来了。读圣贤之书,所学的不就是仁义之事吗?从今以后,我或许可以于心无愧了。

115.李靖问任智如何,子曰:"仁以为己任。小人任智而背仁为贼,君子任智而背仁为乱。"(卷第三十六·中说)

【译文】李靖问文中子,如果凭借聪明智慧来行事会怎么样?文中子说:"应该以仁义为己任。小人凭借聪明智慧行事而违背仁义就会成为盗贼,君子凭聪明智慧行事而违背仁义就会作乱。"

116.禽兽不仁,人知恶之;人而不仁,不知自恶,惑之甚也。(卷第四十二·迩言)

【译文】禽兽不具备仁爱之性，人们知道厌恶它们；而一个人不具备仁爱之心，却不知道自我厌弃，这样做人就非常糊涂了。

117. 林深则鸟栖，水广则鱼游，仁义积则物自归之。人皆知畏避灾害，不知行仁义则灾害不生。夫仁义之道，当思之在心，常令相继，若斯须懈怠，去之已远。犹如饮食资身，恒令腹饱，乃可存其性命。（卷第三十八·贞观政要）

【译文】树林广袤就会有鸟儿栖息，水域深广就有鱼儿畅游，广施仁政百姓自然会来归顺。人们都知道害怕、躲避灾害，却不知道如果施行仁义，灾害就不会发生。仁义之道，应当时刻谨记于心，让它持续不断地推行下去，如有片刻懈怠，就离仁义之道相去甚远了。这就像以饮食的方式来滋养身体，要一直让肚子吃饱，才能维持生命。

118. 天下之主，道德出于人；理国之主，仁义出于人；亡国之主，聪明出于人。（卷第四十·化书）

【译文】得到天下人拥戴的王者，必定是道德出众的人；能把国家治理好的明主，必定是仁义出众的人；灭亡国家的昏君，必定是聪明出众的人。

119. 圣人之道，仁义中正而已矣。（卷第四十一·太极通书）

【译文】圣人之道，无非是仁义中正罢了。

120. 不仁者有三殆：富则见怨，贵则见嫉，有功则见疑。三者非人予也，自予也。（卷第四十一·公是先生弟子记）

【译文】一个人如果没有仁德，就会有三种危险：如果他变得富有，就会被人怨恨；如果他变得显贵，就会被人嫉妒；如果他建立了功勋，就会为人所猜疑。这三者不是别人给予的，而是他自己招致的。

扫码听解读

笃　行

121.《六经》，圣人之事也。知一字则行一字。要须"造次颠沛必于是[①]"，则所谓"有为者亦若是"尔。岂不在人邪?（卷第十九·宋史四）

【注释】①造次颠沛必于是：出自《论语·里仁》，原文为"君子无终食之间违仁，造次必于是，颠沛必于是。"

【译文】《六经》，是圣人的事。知道一个字就践行一个字。关键必须"仓促困顿之时也能如此要求自己"，就是所说的"有所为的人也就如此"而已。难道是不在于人为吗?

122.知者行之始，行者知之成。圣学只一个功夫，知行不可分作两事。（卷第四十四·传习录）

【译文】知道是践行的开始，践行是知道的完成。圣人的学说只有一个功夫，知和行是统一的，不能截然分开。

123. 妄语初能妄人，终亦自妄；诡行初能诡人，终亦自诡。人受其祸小，己受其祸大。（卷第四十二·迩言）

【译文】虚妄的言论刚开始是惑乱别人，但最终会惑乱自己；诡诈的行为刚开始能欺诈别人，最终只会自欺。别人承受的祸害犹小，自己承受的祸害却大。

124. 小人惟虑智巧之不章，君子惟忧德善之不著。古人有终身之忧，忧不为圣贤之徒也，今人有终身之忧，忧利禄不足以及子孙尔。（卷第四十二·迩言）

【译文】小人只考虑自己的机谋与巧诈不能彰显，君子只担心自己的美德善行不够显著。古人有终身的担忧，担忧不能成为圣贤的门徒，现在人也有终身的担忧，担忧福禄不足够延及子孙。

125.古人有言，非知之难，唯行不易；行之可勉，唯终实难。（卷第三十七·帝范）

【译文】古人说，并不是说明白做人的道理有多难，难的是在生活中去落实；这一点通过努力也是可以做到的，真正难得的是要自始至终一直坚持下去。

养　生

扫码听解读

126. 彻声色，去滋味，哀乐如一，德施周给，自然与天地合德，日月齐明，何必别求长生也。（卷第七·旧唐书一）

【译文】撤去郑声美色，去掉美味，面对悲哀、快乐都只持守专一的心境，广泛地施行恩德，自然与天地合德，与日月齐明，何必另外求长生之术呢？

127. 唯善养生者，如不欲食啖，而饮食自不阙焉，故能适饥饱之宜，可以疾少而长寿。善裕国者初不事货殖，而食货自不乏焉，故能制丰约之节，可以弊少而长治。（卷第二十二·金史）

【译文】只有擅长养生的人才懂得这个道理，如果不嗜欲饮食，饮食自然不会缺少，所以能够饥饱适中，可以少病而长寿。善于使国家富足的人从一开始就不专注于货殖，而食货自然不会短缺，所以能够节制调节丰约，可以少有弊病而获得长治久安。

128. 善理身者，内阳而外阴；善理国者，内君子，外小人而已。（卷第四十二·迟言）

【译文】善于修养自身的人，心中有阳刚之气，和人相处则保持柔顺；善于治理国家的人，只是让君子在朝廷之内，而让小人远离朝廷。

齊家

扫码听解读

夫　妇

129. 治天下者，正家为先。正家之道，始于谨夫妇。（卷第二十五·明史一）

【译文】治理天下，要以端正家庭伦理秩序为首要。端正家庭的伦理秩序，始于明确夫妇双方各自的本分。

130. 薛子曰：闺门之内，万化①之权舆②也；一念之微，百行之根柢③也。君子慎之，小人忽焉。（卷第四十五·薛子庸语）

【注释】①万化：万事万物，大自然。

②权舆：起始，萌芽。

③根柢：草木的根。柢，即根。比喻事物的根基，基础。

【译文】薛子说：闺门之内，是天下万事万物的开端; 微小的念头, 是一切行为的根基。君子会谨慎地对待这些, 小人却忽视这些。

扫码听解读

敦　伦

131. 夫有人民而后有夫妇，有夫妇而后有父子，有父子而后有兄弟：一家之亲，此三而已矣。自兹以往，至于九族，皆本于三亲焉，故于人伦为重者也，不可不笃。（卷第三十六·颜氏家训）

【译文】有了人民然后才有夫妇，有了夫妇然后才有父子，有了父子然后才有兄弟：一个家庭中的亲人，就这三种关系而已。由此再衍生出去，直至产生九族，其实都来源于这三种关系，所以对于人伦来说，这三种关系是最为重要的，不能不努力做到敦伦尽分。

132. 古之言天下达道者，曰君臣也，父子也，夫妇也，兄弟也，朋友也。五者各以其义行而人伦立，其义废则人伦亦从而亡矣。（卷第二十一·宋史六）

【译文】古人说天下公认的准则，就是君臣、父子、夫妇、兄弟、朋友这五伦关系。这五个方面都各自按照它们的义理遵行人伦关系就确立了，它们的义理荒废了那么人伦关系也随之而消亡了。

133.凡民能慈于子孙，而不能孝于父母，能为子孙长久虑，而不知父母之所为我虑者亦然。故君子力行孝悌，虽不为子孙虑，足以为家法矣。圣人之爱敬自身始，及其终也，为天下后世法，况于家乎？（卷第四十二·迩言）

【译文】一般人只能对自己的子孙慈爱，而不能孝敬父母，能够为子孙做长久的打算，而不能知道父母也为自己这样担忧。因此，君子力求做到能孝顺父母，友爱兄弟，即使不会为子孙做长久的打算，足可以成为世间家庭的楷模。圣人的仁爱恭敬之心从自身开始做起，等到百年之后，就成为天下后世的模范，更何况是一个家庭呢？

134.凡人最要者，惟力行善道。能尽五伦，而一心笃于行善，则天必眷祐，报之以祥。若徒口言善，而

心存奸邪，决不为天所祐。（卷第五十·庭训格言）

【译文】为人最重要的就是力行善道。能尽力按照君臣、父子、夫妇、兄弟、朋友等五伦关系的要求去做，一心踏实行善，那么上天一定会眷顾、护佑你，回报给你吉祥。如果只是在口头上说得好听，心里却怀着奸邪之念，那就绝对不会被上天护佑。

和　睦

135.天下难得者兄弟，易求者田地，假令得地失兄弟心如何？（卷第四·北齐书）

【译文】天下最难得的是兄弟亲情，最容易得到的是田地，假若得到了田地，却伤了兄弟的心，这样可以吗？

136.薛子曰：为家以义不以利，则族党睦而家道昌矣；为国以义不以利，则贤才辅而世道盛矣。故曰义以生利。（卷第四十五·薛子庸语）

【译文】薛子说：治家以道义为本，而不是以利为本，远近亲友、合家老小都会和和气气，家道也会随之兴盛起来。治国以道义为本而不是以利为本，就会有贤人来辅佐，国运也必随之昌隆。所以说，先有道义的基础，才可以获得长久的利益。

教　子

扫码听解读

137.古者，圣王有胎教之法：怀子三月，出居别宫，目不邪视，耳不妄听，音声滋味，以礼节之。书之玉版，藏诸金匮①。生子咳提②，师保③固明孝仁礼义，导习之矣。（卷第三十六·颜氏家训）

【注释】①金匮：铜制的柜子，古代用以收藏重要文献或文物。

②咳提：指小儿啼哭、笑闹，代指孩提之时。提，通"啼"。

③师保：古代担任教导皇室贵族子弟的官员，有师有保，统称师保。

【译文】古时候，圣王有所谓"胎教"的方法：妃后怀孕三个月，就要住到专门的宫殿，不看不该看的东西，不听不该听的声音，日常生活中的所听所食，都严格按照礼法去做。这种胎教的方法，都写在玉版上，藏在金匮里。待孩子到了孩提之时，负责教导这些贵族子弟的师保开始对他进行孝、仁、礼、义的教育训练。

138. 欲求子孝，必先为慈；将责弟悌，务念为友。虽孝不待慈，而慈固植孝；悌非期友，而友亦立悌。

（卷第三十六·金楼子）

【译文】想要儿女孝顺，一定要先爱护儿女；想让幼弟敬爱兄长，务必先对他亲近友爱。虽然不应该因父母慈爱才孝顺他们，但慈爱确实可以培养孝顺；虽然不应该因兄长对自己亲近友爱才敬爱他们，但亲近友爱确实可以促使弟弟敬爱兄长。

治　家

扫码听解读

139.家国无二道。家之兴也，父子和，兄弟睦，妇姑顺事，仆妾禀令。汉唐盛时，君臣各尽其职，何以异此。家之败也，父子暌^①，兄弟阋^②，室堂藩篱，妾妇长舌，曾不知外侮之及也。（卷第四十二·迩言）

【注释】①暌（kuí）：隔离。

②阋（xì）：争吵。

【译文】治家之道与治国之道没有区别。当一个家庭兴盛的时候，父子融洽，兄弟和睦，婆媳和顺，仆妾遵从命令。汉唐强盛之时，君臣各尽其职，与家庭兴盛的表现有什么区别呢？当一个家庭破败的时候，父子离心，兄弟争吵，分门立户，妻妾搬弄是非，完全不知道外人的欺侮马上就会到来。

140. 治天下有本，身之谓也；治天下有则，家之谓也。本必端。端本，诚心而已矣。则必善。善则，和亲而已矣。家难而天下易，家亲而天下疏也。是治天下观于家，治家观身而已矣。身端，心诚之谓也。诚心，复其不善之动而已矣。（卷第四十一·太极通书）

【译文】治理天下有根本，就在于修身；治理天下有法则，就是齐家。修身必须要身正。身正的方法，就是达到内心至诚罢了。治理天下的原则必须和善。和善的原则，就是令家人和睦而亲善罢了。治家难而治理天下却很容易，家人太亲近很难处理好，而天下人很疏远，容易处理。从治理家庭来看他治理天下的能力，从修身来看他治家的能力。立身端正说的就是要真诚。要内心真诚无非就是要息灭那些不善的念头罢了。

141. 居家治理，可移于官，何也？治国须如治家，所以自家刑国。（卷第三十六·金楼子）

【译文】一个人能够把家治理得井井有条，就可以让他出来为官，为什么呢？因为治理国家如同管理家事，所以可以用管理家事的方法治理国家。

戒　奢

扫码听解读

142.凡富贵少不骄奢，以约失之者鲜矣。汉世以来，侯王子弟，以骄恣之故，大者灭身丧族，小者削夺邑地，可不戒哉！（卷第一·南齐书）

【译文】凡是富贵之家的后代，在少年时不骄横奢侈，因为俭约而丧失富贵的情况是很少的。汉代以来，侯王子弟，因为骄奢恣纵的缘故，大则身死、家族灭亡，小则被削减或剥夺封地，怎能不以此加以警戒呢！

143.奢者三岁之计，一岁之用；俭者一岁之计，三岁之用。至奢者犹不及，至俭者尚有余。奢者富不足，俭者贫有余。奢者心常贫，俭者心常富。（卷第四十·化书）

【译文】奢侈的人三年的积累，一年就用完了；节俭的人一年的积累，可以使用三年。太奢侈的人，甚至一年都不够用，很节俭的人，可能使用三年尚有余留。奢侈的人富有却不足用，节俭的人贫困却有节余。奢侈的人内心贫困，节俭的人内心富有。

為政

扫码听解读

君　道

144.古语云：君，舟也；人，水也。水能载舟，亦能覆舟。（卷第三十八·贞观政要）

【译文】古语说：君主好比是船，百姓好比是水，水不仅可以载船，也同样能把船掀翻。

145.古之王者，巡狩省方，躬览民物，搜扬幽隐①，拯灾恤患，用能风泽遐被，远至迩安。（卷第一·宋书）

【注释】①幽隐：指隐居未仕的人。

【译文】古代的帝王，巡视四方，亲自体察民情，访求隐居贤士，拯济受灾百姓，防备、解决祸患，所以能够恩泽天下万民，让远方的人心甘情愿地归顺，让近处的百姓安居乐业。

146. 夫君人者，恭事上帝，子爱下民，省嗜欲，远诏佞，未明求衣，日旰忘食，是以泽被区宇，庆流子孙。（卷第二·陈书）

【译文】统治人民的国君，要恭敬地事奉上天，像对待子女一样慈爱治下的百姓，节制自己的嗜好欲望，远离花言巧语、阿谀逢迎的人，天色没亮就穿衣起床，天色已晚仍然顾不上吃饭，这样恩泽才能覆盖天下，吉庆延及子孙。

147. 王者之牧黎元也，爱之如子，视之如伤。苟或风雨不时，稼穑不稔，则必除烦就简，惜力重劳，以图便安，以阜生业。（卷第七·旧唐书一）

【译文】国君统治百姓，要爱民如子，就像对待自身伤口一样痛惜。如果有时雨水错过季节，五谷没有收成，就一定要免除杂务做到节俭，爱惜财物，珍惜民力，以求得天下安宁，百业兴旺。

148. 天子者，有道则人推而为主，无道则人弃而不用，诚可畏也。（卷第三十八·贞观政要）

【译文】身为天子，如果有道，百姓就会拥护他做自己的君王；如果无道，百姓就会将他抛弃，这真是太可怕了！

149. 自古失国之主，皆为居安忘危，处治忘乱，所以不能长久。（卷第三十八·贞观政要）

【译文】自古以来那些失掉国家的君主，都是因为在国家安定的时候忘掉了危险的存在，在社会清平的时候忘掉了祸乱会产生，因此不能长治久安。

150. 凡人君之身者，乃百姓之表，一国之的也。表不正，不可求直影；的不明，不可责射中。今君身不能自治，而望治百姓，是犹曲表而求直影也；君行不能自修，而欲百姓修行者，是犹无的而责射中也。（卷第四·周书）

【译文】大凡君主的行为，都是百姓的表率，是国家的标准。圭表不正，影子不可能笔直；目标不明确，不能要求别人射中。当今君主如果不能很好地修养自身行为，而希望治理好百姓，就如同使用弯曲的圭表却想得到笔直的影子一样；君王如果不能注意自身的修养，却要百姓修养德行，这就好像没有标靶却要求别人能射中一样。

151. 故为人君者，必心如清水，形如白玉。躬行仁义，躬行孝悌，躬行忠信，躬行礼让，躬行廉平，躬行俭约，然后继之以无倦，加之以明察。行此八者，以训其民。是以其人畏而爱之，则而象之，不待家教日见而自兴行矣。（卷第四·周书）

【译文】因此，作为君主，必须心如清水，身如白玉。躬行仁义，躬行孝悌，躬行忠信，躬行礼让，躬行廉洁公平，躬行勤俭节约，然后依靠勤奋不懈，再加上明察秋毫。做好这八个方面，来教化百姓。因此百姓对君主既敬畏又爱戴，既效法又模仿，用不着每家每天去教诲，百姓自己就主动按要求去做了。

152. 君人者，诚能见可欲则思知足以自戒，将有所作则思知止以安人，念高危则思谦冲而自牧①，惧满溢则思江海而下百川，乐盘游则思三驱以为度，恐懈怠则思慎始而敬终，虑壅蔽则思虚心以纳下，想谗邪

则思正身以黜恶，恩所加则思无因喜以谬赏，罚所及则思无因怒而滥刑。总此十思，弘兹九德②，简能而任之，择善而从之。则智者尽其谋，勇者竭其力，仁者播其惠，信者效其忠。文武争驰，君臣无事，可以尽豫游之乐，可以养松乔之寿，鸣琴垂拱，不言而化。（卷第九·旧唐书三）

【注释】①自牧：自我修养。

②九德：古代九德之说有多种。《左传·昭公二十八年》中记载的九德是：心能制义曰度，德正应和曰莫，照临四方曰明，勤施无私曰类，教诲不倦曰长，赏庆刑威曰君，慈和遍服曰顺，择善而从之曰比，经纬天地曰文。《尚书·皋陶谟》中记载是："宽而栗，柔而立，愿而恭，乱而敬，扰而毅，直而温，简而廉，刚而塞，强而义。"也有说是忠、信、敬、刚、柔、和、固、贞、顺九种美德。

【译文】为人君者，如果看到想要的东西就得考虑要知足以自我警戒，将要有所举动就想到适可而止以安定百姓，念及处高境险就考虑应该谦虚谨慎而加强自我修养，害怕盈满而亏就考虑要像江海一样宽广以容纳百川，喜欢盘桓游玩就想到古人田猎网开一面的制度，忧虑放松懈怠就想到以谨慎开始而以恭敬结束，担心视听闭塞就想到虚心谦恭来听取属下的意见，害怕进谗言的奸邪小人就想到端正自身而罢斥诸恶，有所赏赐时就想到不因为自己的偏好而奖赏不当，进行惩戒时就想到不因为触怒自己而乱施刑罚。总结十思，发扬九德，选拔贤人而用，选择善言而从。那么智慧的人会穷尽他的谋略，勇敢的人能竭尽他的气力，仁义的人则传播他的仁惠，诚信的人将献出他的忠诚。文武官员争相奋力，君臣之间相安无事，就可以尽情游乐，可以像赤松子、王子乔一样延年益寿，像虞舜一样弹琴垂拱，不说话就能教化百姓。

153. 夫为人君，不忧万姓而事奢淫，危亡之机可反掌而待也。（卷第十·旧唐书四）

【译文】为人君者，不为民生忧虑却行骄奢淫逸之事，危身亡国之患很快就会到来。

154. 自古创业之君，历涉勤劳，达人情，周物理，故处事咸当。守成之君，生长富贵，若非平昔练达，少有不谬者。（卷第二十五·明史一）

【译文】自古创业的君主，经历千辛万苦，通达人情，了解事理，因此处事才会得当。守成之君，生长于富贵的环境，若不是平日里就阅历广博且能通晓人情世故，很少有不犯错的。

155. 三德者，人君之大本，得之则治，失之则乱，不可须臾去者也。（卷第二十·宋史五）

【译文】《尚书》中谈到的刚、柔、正直三德，是君王修德的根本，得到它就能治好国家，失去它国家就会动乱，不能片刻离开它。

156. 自古人君当无事时，快意所为，忽其所当戒，其后未有不悔者。（卷第二十一·宋史六）

【译文】自古以来，君主在天下无事的时候，为了自己一时痛快做出的一些事情，忽视了作为君主所应当警惕的，事情过后没有不后悔的。

157. 帝王之道，言则左史书之，动则右史书之，列于缃素①，垂为轨范，不可不慎也。（卷第十七·宋史二）

【注释】①缃素：浅黄色的绢帛，古时常用来书写。代指书卷。

【译文】帝王之道，言语由左史记载，行动则由右史记载，然后列在书卷上，留传后代而被效法，所以不可不谨慎啊！

158.自古人君，始勤终怠者多矣，有始有终，惟圣人能之。（卷第二十二·金史）

【译文】自古以来的君王，开始勤勉、最后懈怠的有很多，做事能贯彻始终，惟有圣人能做到。

臣　行

159.事君者廉不言贫，勤不言苦，忠不言己效，公不言己能，斯可以事君矣。（卷第十八·宋史三）

【译文】侍奉君主的人清廉不说自己贫困，勤劳不说自己劳苦，忠诚不说自己有功，公正不说自己有能，这样就可以侍奉君主了。

160.忠臣不计得失，故言无不直；烈女不虑死生，故行无不果。（卷第二十六·明史二）

【译文】忠臣不计较个人得失，因此所出之言无不刚直；烈女不考虑生死，因此行动无不果敢。

161.乐人之乐者忧人之忧，食人之食者死人之

事。（卷第二十一·宋史六）

【译文】享受他人带给自己快乐的人，就要把他人的忧愁当作自己的忧愁，领受朝廷的俸禄就要为国事效忠。

162. 朕历观自古人臣立忠之事，若值明王，便得尽诚规谏，至如龙逢、比干，竟不免孥戮。为君不易，为臣极难。（卷第九·旧唐书三）

【译文】我遍览自古以来忠君报国的事情，发现如果能遇上贤明的君主，忠臣们就可以竭尽全力进行劝谏，至于龙逢、比干，不遇明主，竟然连家人也不能幸免于难。做君主不容易，做大臣更难。

163. 自古贤相，所以能建功业、泽生民者，其君臣相得，如鱼之有水，故言听计从，而臣主俱荣。（卷第十八·宋史三）

【译文】自古以来的贤良宰相，之所以能够建立功业、福泽生民的原因，在于君臣和睦，如鱼得水，所以言听计从，于是君臣一同荣盛。

164. 夫君能尽礼，臣得竭忠，必在于内外无私，上下相信。上不信则无以使下，下不信则无以事上。信之为义，大矣哉! 故自天祐之，吉无不利。（卷第九·旧唐书三）

【译文】如果君主能够尽礼，臣下就能够尽忠，一定要做到朝廷内外无私，君臣互相信任才行。君主没有诚信就无法役使臣下，臣下没有诚信则不能侍奉君主，诚信的意义，是如此重大啊! 所以才能得到上天护佑，诸事吉祥而没有不利的事情。

165. 人欲自照，必须明镜; 主欲知过，必藉忠臣。主若自贤，臣不匡正，欲不危败，岂可得乎? 故君失其国，臣亦不能独全其家。（卷第三十八·贞观政要）

【译文】人想要看见自己的样子，一定要有明镜; 一国之主要想知道自己的过失，一定要借助忠臣。假如君主自以为贤明，臣子又不去匡正他的过失，要想国家不处于危亡的境地，又怎么能做到呢? 所以，君主失去他的国家，臣子们也不能使他们自己的家单独保全下来。

爱 民

扫码听解读

166. 为政以爱人为本。（卷第四十四·读书录）

【译文】治理政事以爱护百姓为根本。

167. 为君之道，必须先存百姓。若损百姓以奉其身，犹割股以啖腹，腹饱而身毙。（卷第三十八·贞观政要）

【译文】为君之道，必须把时刻心存百姓当作首要大事。如果损害百姓的利益来奉养自己，那就如同割下大腿上的肉来填饱自己的肚子一样。肚子虽然填饱了，但是人也死了。

168. 程子常书"视民如伤"四字于座侧，曰："某

于此有愧。" 大贤尚然, 后之临民者当何如哉?（卷第
四十四·读书录）

【译文】程颢常把"视民如伤"四字写在座位旁边,
说:"我于此有愧。" 大贤尚且如此, 后世那些治理人民
的人应当怎样呢?

169. 人心者, 国家之命脉也。（卷第三十·明史六）

【译文】百姓人心的归向, 是一个国家的命脉所
在。

**170. 古之善牧人者, 养之以仁, 使之以义, 教之
以礼, 随其所便而处之, 因其所欲而与之, 从其所好
而劝之。如父母之爱子, 如兄之爱弟, 闻其饥寒为之
哀, 见其劳苦为之悲, 故人敬而悦之, 爱而亲之。**（卷
第六·隋书下）

【译文】古代善于治理人民的人, 用仁爱来养民, 用
公义来使民, 用礼义来教民, 随时根据人民的便利来安
排他们, 按照人民的需求而给予他们, 顺从人民的喜好

而劝导他们。像父母爱护子女，兄长爱护弟弟，听闻他们饥寒就为他们哀伤，见到他们劳苦就为他们悲痛，因此人民敬重且喜欢他，爱戴并亲近他。

171. 自古有为之君，未有失人心而能图治，亦未有能胁之以威、胜之以辩而能得人心者也。（卷第十九·宋史四）

【译文】自古以来有作为的君主，从来没有失去人心而能治理好国家的，也没有能利用威势来裹胁百姓、用强辩来取胜而能得到人心的。

172. 观历代开国之君，未有不以任德结民心，以任刑失民心者。国祚长短，悉由于此。（卷第二十六·明史二）

【译文】纵观历代开国之君，无一不是以崇尚德行教化而结交民心，以强调刑法律典而失去民心的。国祚长短，都由此决定。

173. 自古帝王得天下以得民心为本，失其心则失

天下。钱谷民之膏血，多取则民困而国危，薄敛则民足而国安。（卷第二十三·元史上）

【译文】自古以来帝王得到天下都是把得民心作为根本，失去民心就会失去天下。赋税是百姓的膏血，过多地征收赋税，就会使百姓贫困而且国家危亡，减轻赋税，就会使百姓富足而且国家安定。

174.《春秋》之义，以养民为本，凡用民力者必书。盖民力息则生养遂，生养遂则教化行而风俗美。（卷第二十四·元史下）

【译文】《春秋》的大义，是把休养百姓作为根本，凡是使用民力的事情必定会记载。因为民力得到休养后，百姓的生活就有着落，百姓的生活有了着落，那么教化就会得到推行，进而社会风俗就会醇美。

政　体

扫码听解读

175. 古者为政，清其心，简其事，以此为本。当今天下无虞，年谷丰稔，薄赋敛，少征役，此乃合于古道。为政之要道，莫过于此。（卷第九·旧唐书三）

【译文】古时的圣主治国理政，要使内心清净，要使政务简化，以此为本。现在天下太平，五谷丰登，赋税轻、征役少，正符合古人的治国之道。治国的关键，莫过于此。

176. 夫理天下者，以义为本，以利为末，以人为本，以财为末，本盛则其末自举，末大则其本必倾。自古及今，德义立而利用不丰，人庶安而财货不给，因以丧邦失位者，未之有也。故曰："不患寡而患不均，不患贫而患不安。""有德必有人，有人必有土，有土

117

必有财。""百姓足，君孰与不足？"盖谓此也。（卷第
十二·旧唐书六）

【译文】凡是治理天下的道理，都是以义为本，以利
为末，以民为本，以财为末。本盛则其末就会自然兴起，
末大则其本必定倾倒。从古至今，德义树立而物质不能
丰足，百姓安定而财货不能供给，因此亡国失位的君主，
还不曾有过。因此说："不担心少而担心的是不平均，不
担心贫困而担心的是不安定。""有德必定有人，有人必
定有土，有土必定有财。""百姓富足，君主怎么会不富足
呢？"说的就是这个道理。

**177. 自古及今，德义不立而利用克宣，人庶不安
而财货可保，因以兴邦固位者，未之有也。故曰："财
散则人聚，财聚则人散。""与其有聚敛之臣，宁有盗
臣。"**（卷第十二·旧唐书六）

【译文】从古至今，德义不树立而能令物尽其用，百
姓不安定而能让财货可以有保障，并想因此让国家振
兴、保持君主的权位，还不曾有。因此说："财散则人
聚，财聚则人散。""与其有搜刮民众财货的臣子，不如

有盗窃府库财物的官吏。"

178. 天下所以定者，民志定，则士安于士，农安于农，工商安于为工商，则在上之人有可安之理矣。夫民不安于白屋[①]，必求禄仕；仕不安于卑位，必求尊荣。四方万里，辐辏并进，各怀无厌无耻之心，在上之人可不为寒心哉！（卷第二十四·元史下）

【注释】①白屋：指不施彩色、露出本材的房屋。一说指以白茅覆盖的房屋。为古代平民所居。

【译文】天下安定的原因，是由于百姓心志安定，士人安于读书，农民安于做农民，工人、商人安于做工人、商人，那么在上位的人就有能够安定的道理了。百姓不安于平民的地位，必定会追求居官食禄；官员不安于卑下的官位，必定会追求尊贵荣显。国家天下，万众并进，各自心怀不知足、没有羞耻的用心，在上位的人能够不感到心惊胆寒吗？

179. 薛子曰：治世之民安分，故讼简；衰世之民犯分，故讼烦。《易》曰：君子以辨上下，定民志。民志定而天下之治成矣。（卷第四十五·薛子庸语）

【译文】薛子说：太平盛世的百姓安分守己，所以诉讼少；衰乱之世的百姓不能安守自己的本分，所以违法乱纪的事情就多。《易经》说：君子通过分清楚上下尊卑来安定民心。民心安定了，天下也就太平了。

180. 为政之本，在于选贤能，务节俭，薄赋敛，宽刑罚。（卷第十三·旧唐书七）

【译文】治国理政的根本，在于选用贤才，务求节俭，薄收赋敛，刑罚宽容。

礼　乐

扫码听解读

181. 传曰："三年不为礼，礼必坏；三年不为乐，乐必崩。"（卷第一·宋书）

【译文】经传上说："三年不讲究礼仪，礼必废毁；三年不演奏乐，乐必崩坏。"

182. 王者承天，休咎随化，有礼则祥瑞必降，无礼则妖孽兴起。人禀五常，性灵不一，有礼则阴阳合德，无礼则禽兽其心。治国立身，非礼不可。（卷第五·隋书上）

【译文】君王承受天命，吉凶顺应造化，有礼义则祥瑞必然降临，无礼义则妖孽必然兴起。人天生就禀受五常，性灵各异，有礼义则其德可以合于阴阳变化，无礼义则心如禽兽。治国立身，没有礼义不行。

183. 礼诰者，人伦之襟冕，帝王之枢柄。（卷第一·南齐书）

【译文】礼诰，是人伦的衣襟和冠冕，是帝王治理国家的枢轴和权柄所系。

184.《记》曰："人生而静，天之性也；感物而动，性之欲也。"欲无限极，祸乱生焉。圣人惧其邪放，于是作乐以和其性，制礼以检其情，俯俯仰有容，周旋中矩。故肆觐之礼①立，则朝廷尊；郊庙之礼立，则人情肃；冠婚之礼立，则长幼序；丧祭之礼立，则孝慈著；搜狩之礼立，则军旅振；享宴之礼立，则君臣笃。是知礼者，品汇之璇衡②，人伦之绳墨，失之者辱，得之者荣，造物已还，不可须臾离也。（卷第八·旧唐书二）

【注释】①肆觐之礼：朝见天子之礼。肆觐，原指朝见东方诸国君主，后指见天子或诸侯之礼。

②璇衡：也作琁衡。指璇玑玉衡，观测天体运动的仪器。

此处指天地之间的运动。

【译文】《礼记》说："人生而安静，是上天赋予的本性；感物而动，是本性产生的欲望。"人的欲望没有边际，祸乱就因此而产生。圣人害怕欲望被不正当地释放，于是创作音乐来协和其本性，制定礼仪来限制其情欲，希望他们在俯仰之间合于礼容，在应酬交际之中符合规矩。因此，朝觐之礼被确立后，朝廷就崇高庄严；郊庙之礼被确立后，人情就严肃庄重；冠婚之礼被确立后，长幼就会有序；丧祭之礼被确立后，孝敬慈爱之风就会显著；搜狩之礼被确立后，军旅就会振饬；享宴之礼被确立后，君臣关系就会深厚。这样可以知道礼的意义，是天地之间运动的规律，是人伦纲常的准绳，丧失礼的人可耻，讲求礼的人光荣，自从万物形成以来，不可片刻离开礼。

185. 乐者，太古圣人治情之具也。人有血气生知之性，喜怒哀乐之情。情感物而动于中，声成文而应于外。圣王乃调之以律度，文之以歌颂，荡之以钟石，播之以弦管，然后可以涤精灵，可以祛怨思。施之于邦国则朝廷序，施之于天下则神祇格，施之于宾宴则君臣和，施之于战阵则士民勇。（卷第八·旧唐书二）

【译文】乐，是远古时期圣人调治性情的用具。人有血气、思想、知觉的本性，喜怒哀乐的感情。感情受到外物的触动而在心中发生变化，形成有规律的声音而回应外物。圣王于是利用音律来调节，利用歌颂之声来表现出来，利用钟、石等乐器来回荡声响，利用弦管等乐器来演奏，然后可以依靠他们来洗涤精神灵魂，可以除去怨恨思念之情。在各个邦国施行乐，那么朝廷就尊卑有序，在天下施行乐，那么神灵就显验，在宴请宾客的聚会上施行乐，那么君臣关系就会和谐，在战场上施行乐，那么士兵就会奋勇。

186.文者，经天纬地之总称。君人之道，抚之以仁，制之以义，接之以礼，讲之以信，皆是。（卷第十八·宋史三）

【译文】所谓的文，是经营天下治理朝政的总称。君主治人之道，要用仁爱来安抚，用道义来制约，用礼仪来接纳，讲求诚信，这些都是文德的具体表现。

187.太平之世，当尚文物①，自古致治②，皆由是也。（卷第二十二·金史）

【注释】①文物：礼乐制度。古代用文物明贵贱，制等级，故云。

②致治：使国家在政治上安定清平。

【译文】太平时代，应当崇尚礼乐制度，自古国家安定清平，都是这样的。

188. 典章、礼乐、法度、三纲五常之教，备于尧、舜，三王因之，五霸败之。汉兴以来，至于五代，一千三百余年，由此道者，汉文、景、光武，唐太宗、玄宗五君，而玄宗不无疵也。然治乱之道，系乎天而由乎人。（卷第二十四·元史下）

【译文】典章、礼乐、法度、三纲五常的教化，尧、舜已经完备，夏、商、周三王沿袭不断，直到春秋五霸才破坏了它们。从汉代兴盛以来到五代，一千三百多年间，遵循此道的，有汉文帝、汉景帝、汉光武帝，唐太宗、唐玄宗五位君主，而唐玄宗不能说没有过失。但是国家的治乱兴衰，和天意有关，更是由人为决定的。

189. 天下大定，礼仪风俗不可不正。（卷第二十五·明史一）

【译文】天下大定之后，礼仪风俗不可不纠正。

190.夫功成设乐，治定制礼。礼乐之兴，以儒为本。（卷第三十七·帝范）

【译文】君主功业已经成就，就要制订礼乐来教化天下。礼乐的兴起，要以儒学作为根本。

教　化

191. **自古开物成务，必以教学为先。世不习学，民罔志义，悖竞因斯而兴，祸乱是焉而作。故笃俗昌治，莫先道教。不得以夷险革虑，俭泰移业。**（卷第一·南齐书）

【译文】自古以来治理天下，要办好各种事情，一定要以教学为先。世道不崇尚学习，民众不会以正义为目标，悖逆争斗因此而产生，祸乱因此而发生。因此，要让社会风俗朴素、国家昌盛安宁，没有什么比推明圣道、宣扬教化更重要的了。不能够因为形势的安宁或危险而不考虑教育，也不能够因为年岁的丰盈或歉薄而改变对教育的重视。

192. **臣闻立人建国，莫尚于尊儒。成俗化民，必**

崇于教学。故东胶西序①，事隆乎三代，环林璧水②，业盛于两京。自淳源既远，浇波已扇，物之感人无穷，人之逐欲无节，是以设训垂范，启导心灵，譬彼染蓝，类诸琢玉，然后人伦以睦，卑高有序，忠孝之理既明，君臣之道攸固。执礼自基，鲁公所以难侮，歌乐已细，郑伯于是前亡，干戚舞③而有苗④至，泮宫成而淮夷服，长想洙、泗⑤之风，载怀淹、稷之盛，有国有家，莫不尚已。（卷第二·陈书）

【注释】①东胶西序：《礼记·王制》："夏后氏养国老于东序，养庶老于西序……周人养国老于东胶，养庶老于虞庠。虞庠在国之西郊。"郑玄注："东序、东胶亦大学，在国中王宫之东……西序在西郊。"东胶、西序本为夏周之小学、大学，后用以泛指兴教化、养耆老的场所。

②环林璧水：古时用以指代太学。环林：林木环绕，古代借指太学；璧水：指太学。

③干戚舞：古代乐舞的一种。操干戚的武舞。

④有苗：古国名。亦称三苗。尧、舜、禹时代我国南方较强大的部族，传说舜时被迁到三危。有，词头。

⑤洙、泗：即洙水和泗水。古时二水自今山东省泗水县北合流而下，至曲阜北，又分为二水，洙水在北，泗水在南。春秋

时属鲁国地。孔子在洙泗之间聚徒讲学。后因以"洙泗"代称
孔子及儒家。

【译文】臣下听说造就人才、建设国家，没有比尊崇
儒学更重要的；成就风俗、教化百姓，一定要推崇教学。
所以东胶、西序作为国家太学，是三代最隆盛的教育之
事。自从淳朴风俗的源流逐渐远离，浮薄的社会风气已
经形成，人对外物的感受是无穷的，人们放纵欲望而没
有节制，所以才需要设训教、垂风范，启迪训导人的心
灵，譬如习染蓝色，类似雕琢美玉，然后人与人之间的关
系才可以和睦，地位高低才会有次序，人们懂得了忠孝
之理，君臣之道才能够稳固。执守礼制，基础稳固，这是
鲁公所以难以欺侮的原因。诗歌雅乐之声渐微，郑伯因
此早早消亡。舜修教三年，执干戚而舞，不需要兴兵征
伐，有苗自行前来归顺，西周各地泮宫官学建成然后淮
夷自然归服，追思洙、泗之风，心怀淹、稷下之盛况，自
古有国有家的人，没有不崇尚学校教化的。

**193. 古之建国，教学为先，弘风训世，莫尚于此；
发蒙启滞，咸必由之。故爰自盛王，迄于近代，莫不敦
崇学艺，修建庠序。**（卷第一·宋书）

【译文】古代的圣王建立邦国，都先从教育入手，弘扬正气训导世人，没有比教育更重要的；启发蒙昧的民众，开导他们的疑滞，也都一定要遵从教育这条大道。因此从古至今，盛世帝王莫不重视学术、尊崇道艺，大力修建学校。

194. 夫治化之本，在于正人伦。人伦之正，存乎设庠序。庠序设而五教①明，则德化洽通，彝伦②攸叙，有耻且格③也。父子兄弟夫妇长幼之序顺，而君臣之义固矣。《易》所谓正家而天下定者也。（卷第一·宋书）

【注释】①五教：五常之教。指父义、母慈、兄友、弟恭、子孝五种伦理道德的教育。

②彝伦：常道、伦常。

③有耻且格：谓人有知耻之心，则能自我检点而归于正道。

【译文】治理国家教化民众的根本，在于端正人伦。人伦的端正，在于设立各级学校。学校设立后，父义、母慈、兄友、弟恭、子孝这五常之教就会明确，道德教化将会广泛施行，伦常有序，人人有知耻之心，能够自我检点且归于正道。父子、兄弟、夫妇、长幼之间的次序理顺了，君臣之间的礼义便稳固了。这就是《易经》上所说的能让家庭秩序归于正道，天下便会安定的道理。

195. 学校所以宣明教化，长育人才，非止训诂文辞而已。（卷第二十六·明史二）

【译文】学校是用来宣扬教化，培育人才的，不只是解释古文字词的含义、解释文章而已。

196. 昔者宋有天下盖三百余年。其始，以礼义教其民，当其盛时，闾阎里巷皆有忠厚之风，至于耻言人之过失。泊乎末年，忠臣义士视死如归，妇人女子羞被污辱，此皆教化之效也。（卷第二十六·明史二）

【译文】从前宋朝拥有天下三百多年。宋朝开国之初，就用礼义教化百姓，当国家强盛时，闾阎里巷都有忠诚宽厚的风尚，甚至羞于谈论人的过失。等到宋朝末年，忠臣义士面对国难视死如归，妇人女子也都羞于被污辱，这些都是教化的结果。

197.治国以教化为先，教化以学校为本。（卷第二十五·明史一）

【译文】治国要以教化为先，教化又要以学校为本。

198.弘风导俗，莫尚于文；敷教训人，莫善于学。（卷第三十七·帝范）

【译文】弘扬礼教，移风易俗，没有比以文化人更合适的；布施教化，教导民众，没有比学校教育更合适的了。

199.至治之世，不以法令为亟，而以教化为先。盖法令禁于一时，而教化维于可久。若徒恃法令而教化不先，是舍本而务末也。（卷第三十一·清史稿一）

【译文】在安定昌盛的时代，不以制定法令为急务，而以教化为先行。因为法令只能禁于一时，而教化可以维持长久。如果仅仅依靠法令而教化不先行，这就是舍本逐末了。

200.昔者周自文、武至于成、康，而教化大行；汉自高帝至于文、景，而始称富庶。盖天下之治乱，气化之转移，人心之趋向，非一朝一夕故也。（卷第二十六·明史二）

【译文】过去周朝自文王、武王立国以后，直到成王、康王时期，仁义教化才得以广为推行；汉朝自高祖开国，一直到文帝、景帝时期，才称得上富庶。由此可知，天下的安定与动乱，世事的变迁，人心的归向，需要长期教化才能成就，不是一朝一夕就能实现的。

崇 俭

201.臣闻昔者明王之以德治天下，莫不重粟帛，轻金宝。然粟帛安国育民之方，金玉是虚华损德之物。故先皇深观古今，去诸奢侈。服御尚质，不贵雕镂，所珍在素，不务奇绮，至乃以纸绢为帐扆，铜铁为銜勒。训朝廷以节俭，示百姓以忧务，日夜孜孜，小大必慎。轻贱珠玑，示其无设，府藏之金，裁给而已，更不买积以费国资。（卷第三·魏书）

【译文】臣听说过去的圣王以德教治理天下，无不重视谷粟布帛，轻视金银财宝。谷粟布帛是安定国家养育万民的方法，而金银美玉则是浮华损德的东西。所以先皇深察古今，去除各项奢侈。服饰御驾以质朴为尚，不看重雕镂之功，所珍视的是素朴，不追求奇珍绮丽，甚至于以纸绢为帐帷，铜铁为马的缰绳和衔勒。告诫朝廷官员要崇尚节省俭朴，以忧勤劳务示范百姓，日夜操劳孜孜不倦，大小事情务必审慎。轻贱珠玉宝石，不摆设这些东西，府藏的金银，够用就可以了，不再购买聚积以耗费国家资财。

202. 自古圣贤，皆崇俭薄，惟无道之世，大起山陵，劳费天下，为有识者笑。（卷第八·旧唐书二）

【译文】自古以来的圣贤，都崇尚节俭薄葬，只有在无道之世，才大修山陵般的坟墓，劳役挥霍天下财力，被有识之士嘲笑。

203. 卑宫菲食，圣主之所安；金屋瑶台，骄主之为丽。故有道之君，以逸逸人；无道之君，以乐乐身。（卷第八·旧唐书二）

【译文】宫室低矮粮食粗淡，圣明君主往往安住于它；金玉雕饰的宫廷楼台，只有骄傲之主才认为是繁华美丽。因此有道之君，自身安逸也令民众安逸；无道之君，利用声色犬马来让自己享乐。

204.夫珍玩伎巧，乃丧国之斧斤；珠玉锦绣，实迷心之鸩毒。（卷第八·旧唐书二）

【译文】那些珍宝器物和奇技淫巧，实在是亡国的利斧；珠玉锦绣，实际是迷惑心智的毒酒。

205.天下不可以力胜，神祇不可以亲恃，惟当弘俭约，薄赋敛，慎终如始，可以永固。（卷第十·旧唐书四）

【译文】天下不可以只凭借武力来取胜，神灵也不可以凭借亲近而依恃，只有弘扬俭约之道，减轻赋税，慎终若始，才可以使国家社稷长治久安。

206.雕琢害农事，纂组①伤女工。首创奢淫，危亡之渐。漆器不已，必金为之；金器不已，必玉为之。所以诤臣必谏其渐，及其满盈，无所复谏。（卷第十·旧唐书四）

【注释】①纂（zuǎn）组：赤色绶带。亦泛指精美的织锦。

【译文】雕琢妨碍农事，纺织精美的织锦会妨碍女工。首开奢侈和过度浪费的先河，国家逐渐离灭亡就不远了。不制止漆器，必定会有人用金子去做它；不制止金器，必定会有人用玉去做它。所以诤臣一定会在事情刚发端时进行劝谏，等发展到极致时，劝谏也不起作用，就没有再去劝谏的必要了。

207. 凡言节用，非偶节一事，便能有济。当每事以节俭为意，则积久累日，国用自饶。（卷第二十·宋史五）

【译文】凡是说节约费用，不是偶尔节约某一件事的费用就能得到效果的。应当每件事都留意节俭，长时间这样做，国家财政自然就富裕了。

208. 君俭则臣知足，臣俭则士知足，士俭则民知足，民俭则天下知足。天下知足，所以无贪财，无竞名，无奸蠹，无欺罔，无矫佞。（卷第四十·化书）

【译文】君主节俭则大臣知道满足，大臣节俭则士人知道满足，士人节俭则百姓知道满足，百姓节俭则天下人知道满足。天下人知足, 就没人贪财, 就没人逐名, 就没有奸佞, 就没有欺诈, 就没有骄横。

知　人

扫码听解读

209. 人主之职在知人，进君子而退小人，则大功可成，否则衡石程书^①，无益也。（卷第二十·宋史五）

【注释】①衡石程书：用巨石当作秤砣来计算奏章，喻指君主政务繁忙。

【译文】君主的职责在于知人善任，提拔君子而斥退小人，那么大的事业就可以完成，否则就算整日处理繁忙的政务，这对事情也没有一点益处。

210. 凡人在下位，欲冀升进，勉为公廉，贤、不肖何以知之。及其通显，观其施为，方见本心。人心险于山川，诚难知也。（卷第二十二·金史）

【译文】大凡人处在下位的时候，想要晋升官位，都会勉励自己公正廉洁，那贤与不贤怎么知道呢?等到他通达显赫，观察他的作为，才能看到他的真心。人心比山川还要险恶，实在是难以知晓。

211. 知人者，王道也；知事者，臣道也。无形者，物之君也；无端者，事之本也。（卷第三十七·长短经）

【译文】能识人，是君道；能理事，是臣道。无形的东西，才是万物的主宰；看不见苗头的东西，才是事物的根本。

212. 貌也者，神之聚也；言语也者，神之发也；举动也者，神之用也；行事也者，神之本也。察其神，则尽其为人之道也大矣。（卷第四十·虎钤经）

【译文】一个人的相貌，是精神的凝聚；一个人的言辞，是精神的表达；一个人的行为举止，是精神的运用；一个人的行事，是精神的体现。假如能考察一个人的精神，就能在很大程度上判断这个人为人处事的方法了。

213. 敬者不观其群，观其独也。惧者不观其危，

观其安也。勇者不观其躁，观其静也。勤者不观其始，观其终也。群焉而敬者其文也，危焉而惧者其势也，躁焉而勇者其暴也，始焉而勤者其锐也。观者其审诸。（卷第四十一·刍言）

【译文】一个人是不是恭敬，不要在众目睽睽中观察他，要在独处时观察他。一个人是不是戒惧，不要在颠沛流离时观察他，要在闲居安逸时观察他。一个人是不是勇敢，不要在急切躁动中观察他，要在平静时观察他。一个人是不是勤谨，不要在事情开始时观察他，要在事情终结时观察他。在众目睽睽之下表现出恭敬的人是在掩饰，在颠沛流离时表现出畏惧的人是形势所迫，在急切躁动时表现出勇敢的人是他性急，事情一开始就勤谨的人是他正处于士气旺盛的时候。因此，观察人一定要审慎。

214.天子之职，莫重择相；宰相之职，莫重用贤。然则何以知其贤？询诸人则知之，察其行则知之，观所举则知之。（卷第四十三·为政忠告）

【译文】天子最重要的责任，莫过于选择宰相；宰相最重要的责任，莫过于选择贤才。那么，怎样才能辨识贤才呢？有三种方法：征询其他人的意见，考察这个人的行为，观察这个人推举了什么样的人。

215. 深沉厚重，是第一等资质；磊落豪雄，是第二等资质；聪明才辨，是第三等资质。（卷第四十七·呻吟语）

【译文】为人沉稳敦厚，是第一等人才的资质；为人光明磊落，是第二等人才的资质；为人聪明、智识过人，是第三等人才的资质。

216.《孟子》云："存乎人者，莫良于眸子。眸子不能掩其恶。胸中正，则眸子瞭焉；胸中不正，则眸子眊焉。"此诚然也。（卷第五十·庭训格言）

【译文】《孟子》说："观察一个人，没有比观察他的眼睛更好的方法了。眼睛无法掩饰人内心的邪恶。一个人心正，他的眼睛就明亮；若心不正，他的眼睛就会失神。"确实如此啊。

任　贤

扫码听解读

217.天生蒸民^①，不能自治，故必立君以治之。人君不能独治，故必置臣以佐之。上至帝王，下及郡国，置臣得贤则治，失贤则乱，此乃自然之理，百王不能易也。（卷第四·周书）

【注释】①蒸民：百姓。

【译文】天下的平民百姓，不能自我治理，因此必须设立君主来治理。君主不能自己一个人治理天下，因此必须设置大臣来辅佐。上至帝王，下到郡国，设置的大臣如果贤良，天下就能治理好；如果没有贤良之人，天下就会动乱，这是很自然的道理，哪个帝王也改变不了。

218.凡求贤之路，自非一途。然所以得之审者，必由任而试之，考而察之。起于居家，至于乡党，访其

所以，观其所由，则人道明矣，贤与不肖别矣。率此以求，则庶无愆悔矣。（卷第四·周书）

【译文】大凡寻求贤人的路径，自然不会只有一条。然而慎重选拔贤才的方法，必须让其担任职务来检验他们的能力，通过测试来考察他们的优劣。从家族到乡间，考察他们所做的事情，观察他们做事所行之道，那么他们的为人之道就很清楚了，贤良和不肖就可以区别出来了。都用这样的方法来寻找人才，大概就没有过失和后悔了。

219. 臣闻知人则哲，惟帝难之。孔子曰："举直错诸枉则民服，举枉错诸直则民不服。"由此言之，政之治乱，必慎所举，故进贤受上赏，蔽贤蒙显戮。（卷第六·隋书下）

【译文】臣听闻善于识别人才就算贤哲，只是连圣明的帝王都很难完全做到这一点。孔子说："选用正直的人，把他安置在邪曲的人之上，百姓就会顺服；选用邪曲的人，安置在正直的人之上，百姓就不顺服。"由此而言，政局的稳定与动乱，就在于一定要谨慎地选用人才，所以推荐贤才应受重赏，埋没贤才应受诛戮。

220. 天下之事，有善有恶，任善人则国安，用恶人则国乱。（卷第九·旧唐书三）

【译文】天下的事情，有善有恶，任用善人则国家安定，任用恶人则国家动乱。

221. 国之选士，必藉贤良。盖取孝友纯备，言行敦实，居常育德，动不违仁。体忠信之资，履谦恭之操，藏器则未尝自伐，虚心而所应必诚。夫如是，故能率己从政，化人镇俗者也。（卷第十二·旧唐书六）

【译文】国家选拔人才，必须任用有德行才能的人。这就是要选拔对父母孝顺、对兄弟友爱，言行敦厚诚实，常常培养德性，举止不违背仁义的人。这样的人能够实践忠诚信义的根本，履行谦逊恭谨的节操，怀才却从不自夸，虚怀若谷而所做的事必定出于至诚。正是如此，所以能在处理政事中克制自己，教化百姓，抑制庸俗的世风。

222. 夫人主昏明，系于所任，咎繇、夔、契之道长，而虞舜享浚哲之名；皇甫、聚、楀之孽行，而周厉①婴颠覆之祸。自古何尝有小人柄用，而灾患不及邦国者乎！譬犹操兵以刃人，天下不委罪于兵而委罪于所操之主；畜蛊以殃物，天下不归咎于蛊而归咎于所畜之家。理有必然，不可不察。（卷第十二·旧唐书六）

【注释】①周厉：即周厉王姬胡，周夷王姬燮之子，西周第十位君主，在位时间为前879—前843年。

【译文】君主的愚昧和明智，关键在于所用何人。皋陶、夔、契之道振兴，而虞舜享有明智圣哲的名声；皇甫、聚、楀那样的小人横行，而周厉王惨遭颠覆的灾祸。自古以来哪里有小人掌权，而灾患不殃及国家的啊！就像手持兵器去杀人，天下不会把罪责推给兵器而是推给手持兵器的主人。畜养毒蛊以害物，天下不把过错归罪于毒蛊而是归罪于畜养毒蛊的人。凡事都有其必然的原因，不能不仔细考察。

223. 圣主思贤至是，而宰臣不能进之，臣之罪也。进贤在于广任用，明殿最，举大节，弃其小瑕，随其所能，试之以事，用人之大纲也。（卷第十三·旧唐书七）

【译文】圣主如此渴望贤才，如果宰相不能推荐人才，是身为大臣的罪过。进用贤才关键在于扩大任用范围，辨明人才优劣，在德行操守方面关注主要方面，抛开小的瑕疵，根据其人的能力，让他担任相应的职务来考察他的能力，这是用人的大纲。

224.贤人用，则王政通而世清平；邪人进，则王泽壅而世浊败。幽王失道，用邪绌正，正不胜邪，虽有善人，不能为治，亦将相牵而沦于污浊也。（卷第十八·宋史三）

【译文】贤能之人被任用，那么君王的政令就能通畅而世间太平；奸恶之人被进用，那么君王的恩泽就会堵塞而世风浑浊。周幽王失道，任用奸邪而罢黜公正，公正不能战胜邪恶，即使有贤能的人，也不能治理国家，也将相互牵累而沦陷于污浊之中。

225.夫用君子则安，用小人则危，不易之理也。（卷第二十·宋史五）

【译文】任用君子国家就安定，任用小人国家就危险, 这是千古不变的道理。

226. 治天下须用得几贤督抚。贤督抚, 古牧伯也。治一省须用得几贤县令。贤县令, 古诸侯也。治州县须用得几好乡长。好乡长, 古乡大夫也。得其人则治, 不得其人则乱。(卷第三十五·清史稿五)

【译文】治理天下需要有几个贤良的总督、巡抚。贤良的总督、巡抚也就相当于古代的牧伯。治理一省需要有几个贤良的县令。贤良的县令也就相当于古代的诸侯。治理州县需要有几个贤良的乡长。贤良的乡长也就相当于古代的大夫。得到贤良之人则天下大治, 得不到则天下动乱。

227. 君子善能拔士, 故无弃人; 良匠善能运斤^①, 故无弃材。(卷第三十六·刘子)

【注释】①运斤: 挥动斧头砍削。比喻技艺高超。

【译文】君子善于选拔人才, 所以在他们眼里没有可被遗弃的人; 好的工匠技艺高超, 所以在他们眼里没有可废弃的木材。

228. 夫国之匡辅，必待忠良。任使得其人，天下自治。（卷第三十七·帝范）

【译文】匡正辅佐君王的大臣，一定要选择忠良之士来担任。如果大臣任用得当，天下自然可以得到治理。

229. 人徒曰"用贤才"，而不知贤才必须培养于先，俟其成而用之，乃可以济天下之务。若不待其成而用，未有不偾事者，此非才之不美也。"苟为不熟，不如荑稗①。"虽种之美者，而亦不可食也。（卷第四十六·本语）

【注释】①荑稗：荑、稗为二草名，似禾，实比穀小，亦可食。

【译文】人们只知道说"任用贤才"，却不知道贤才必须先进行培养，等其成熟才能任用他，才能把救济天下这样重要的任务交给他。如果没等他成熟就任用他，这样没有不坏事的。这并不是贤才不够完美。俗话说，"米谷发育的不好，还不如那些长得像米谷的稗子。"虽然种子是完美的，但是不熟的话也不能吃啊。

230. 才德兼者，上也；有根本而才气微者，次也；有才气而根本微者，又其次也。然皆不可弃。以才气胜者，用诸理繁治剧；以根本胜者，用诸敦雅镇浮；若夫钧衡宰制之任，必得才德兼备之人，而缺其一者，断不可以为也。（卷第四十六·本语）

【译文】德才兼备的人，是上等人才；有德行但是才能欠缺一点的，是次等人才；有才能但是德行稍差的人，是再次等的人才。但是这两种人都不能放弃任用。可以用有才能的人，去处理各种繁剧的政务；用有德行的人，去敦厚雅正、抑制轻浮；如果说要能胜任宰相职务，那必须是德才兼备的人，二者缺一，是万万不可任用的。

远 佞

扫码听解读

231. 夫谗佞之徒，国之蟊贼也。（卷第三十七·帝范）

【译文】谗邪奸佞之人，是国家的害虫。

232. 自古奸人蛊惑君心者，必以太平无事为言。唐臣李绛有云："忧先于事，可以无忧。事至而忧，无益于事。"（卷第二十八·明史四）

【译文】自古以来奸人要蛊惑君王动心，必定先说天下太平无事。唐朝大臣李绛曾说过："忧虑于事情之前，可以免除忧患。事情来了再担忧，于事无补。"

233. 故蕖兰欲茂，秋风败之；王者欲明，谗人

蔽之。**此奸佞之危也**。斯二者，昏明之本。（卷第三十七·帝范）

【译文】所以丛生的兰花一旦长得茂盛，就会被凄冷无依的秋风吹落；君王想要明辨是非，却总是被进谗言之人所蒙蔽。这就是奸邪谄媚之徒的危害。君主被小人离间疏远至亲，忠直之臣被奸邪小人迫害，这两个方面正是危害国家的根本隐患。

234. 砥躬砺行，莫尚于忠言；毁德败心，莫逾于谗佞。（卷第三十七·帝范）

【译文】君主如果想磨砺自己的操守和品行，没有比倾听忠直之言更好的了；君主如果想毁坏德义、败坏国政，没有比接近谗邪奸佞之人更快的了。

235. 有天下国家者，皆当亲君子而远小人。（卷第四十四·读书录）

【译文】凡是拥有天下国家的人，都应当亲近君子，疏远小人。

纳　谏

扫码听解读

236. 臣闻建国之道咸殊，兴王之政不一。至于开谏致宁，防口取祸，固前王同轨，后主共则。秦、殷之败，语戮剌亡；周、汉之盛，谤升箴显。（卷第一·宋书）

【译文】臣听说建国之道各有不同，兴盛王道的政令也不一样。至于广开言路，使国家得到安定，堵塞言路，使国家导致灾祸，这本就是前代圣王共同遵守的道路，也是后世君主共同遵循的法则。秦朝、殷朝之所以败亡，是因为杀掉直言进谏的臣子；周朝、汉朝之所以兴盛，是因为广开言路，让人们可以随意说出指责和箴戒的话。

237. 木受绳则正，后从谏则圣。自古明王圣主，皆虚心纳谏，以知得失，天下乃安。（卷第四·周书）

【译文】木头按照墨绳来裁量才能正直，君王接受劝谏才能圣明。自古以来的圣明君主，都能虚心接受劝谏，才能知道自己的得失对错，天下才能安定。

238. 君之所以明者，兼听①也；其所以暗者，偏信也。（卷第三十八·贞观政要）

【注释】①兼听：指广泛听取意见。

【译文】君主之所以英明，是因为他能广泛听取各方面的意见；君主之所以会昏庸，是因为他只会偏听、偏信单方面的意见。

239. 自古纳谏昌，拒谏亡。君尊如天，臣卑如地，干不测之祸，虽开纳奖励，尚恐不至。直士杜口，非社稷福。（卷第十九·宋史四）

【译文】自古以来，接纳谏言的君主就会昌盛，拒绝谏言的君主就会灭亡。君王尊贵像上天，臣子卑微像大地，如果臣子进谏会遇到想不到的灾祸，君主即使广泛接纳谏言奖赏、勉励他们，尚且害怕他们不敢直言进谏。正直之士闭口不言，不是国家的福气。

240. 自古人君不能从谏者，其蔽有三：一曰私心，二曰胜心，三曰忿心。事苟不出于公，而以己见执之，谓之私心；私心生，则以谏者为病，而求以胜之；胜心生，则以谏者为仇，而求以逐之。因私而生胜，因胜而生忿，忿心生，则事有不得其理者焉。（卷第二十一·宋史六）

【译文】自古以来君主不能听从劝谏的，他的蒙蔽有三个：第一叫作私心，第二叫作好胜心，第三叫作忿恨心。事情如果不出于公心，而因自己的偏见固执，称为私心；私心一旦产生，那就把劝谏的人当作是心病，进而想办法超过他；好胜心一旦产生，那就把劝谏的人当作是仇家，进而想办法驱逐他。因私心而产生好胜心，因好胜心而产生忿恨心，忿恨心一旦产生，那事情就不能得到正确处理了。

241. 昔尧、舜为君，每事询众，善则舍己从人，万世称圣。桀、纣为君，拒谏自贤，悦人从己，好近小人，国灭而身不保，民到于今称为无道之主。（卷第二十三·元史上）

【译文】昔日尧、舜作为君王，每件国事都询问众人，意见合理的就舍弃自己的而依从别人，万世称颂他们的圣明。桀、纣作为君王，拒绝劝谏，自以为贤明，喜欢别人顺从自己，亲近小人，国家灭亡而且不能保全自身，百姓到现在还称他们是无道的昏君。

242.古今有国家者，未有不以任谏而兴，拒谏而亡。忠荩杜口，则谗谀交进，安危休戚无由得闻。此阻抑言路，足以失人心而致危乱者。（卷第二十九·明史五）

【译文】古今拥有国家者，没有不以虚心纳谏而兴盛，拒绝谏言而灭亡的。忠臣闭口不言，那么谗毁和阿谀之言便争相进呈，很多关系到国家安危、百姓祸福之事便无从听闻。这种阻止、抑制广开言路的做法，足以失去人心而导致天下动乱。

243.平居无极言敢谏之臣，则临难无敌忾致命之士。（卷第二十九·明史五）

【译文】平常没有大胆极谏的臣子，那么在面对危难的时候就没有勇敢御敌的将士。

244. 诛一劝百，谁敢不畏威尽力？若昏暴于上，忠谏不从，虽百里奚、伍子胥之在虞、吴，不救其祸，败亡亦继。（卷第三十八·贞观政要）

【译文】杀一儆百，又有谁敢不畏惧君威而尽心尽力地效忠朝廷呢？但是如果君主昏庸残暴，不听忠臣劝谏，即使在春秋时的虞、吴两国，虽有百里奚、伍子胥这样的忠臣，仍然无法挽救国家的祸患，国家败亡不过是随之而来的事情。

245. 自古奸臣欲窃国柄者，必塞言路而后可便其所为。人君若能知开言路之利于国，而塞言路之利于奸，则自无难于听言矣。（卷第四十六·本语）

【译文】自古奸臣想要盗窃国家政权的，必定要先堵塞言路然后再为所欲为。君主如果能够明白广开言路是对国家有利，闭塞言路是对奸贼有利，就自然不难于听取谏言了。

扫码听解读

王　道

246.古人有言曰："为高必因丘陵，为下必因川泽，为政必因先王之道。"（卷第二十四·元史下）

【译文】古人说："到高处必定要借助丘陵，到低处必定要借助川泽，治国理政必定要依靠先王的大道。"

247.王天下有三始焉。父子为教亲之始，夫妇为教和之始，昆弟为教序之始。（卷第五十·浮邱子）

【译文】以王道治理天下，有三个开始。父子相亲是教化百姓彼此懂得亲爱的开始，夫妇相敬是教化百姓懂得彼此和睦的开始，兄友弟恭是教化百姓懂得人伦有序的开始。

248.五帝、三王，不易人而理。行帝道则帝，行王道则王，在于当时所理，化之而已。考之载籍，可得而知。（卷第三十八·贞观政要）

【译文】五帝、三王治国并没有更换百姓，就把他们教化好了。他们施行帝道就成为圣帝，施行王道就成为明王，至关重要的是他们作为帝王当时是如何进行治理和教化天下的。学习经典上的记载，便可以知晓其中的道理了。

249.王道任德，霸道任刑。自三王已上，皆行王道；唯秦任霸术，汉则杂而行之；魏、晋已下，王、霸俱失。如欲用之，王道为最，而行之为难。（卷第九·旧唐书三）

【译文】王道用德治，霸道用刑罚。夏、商、周三王，都实行王道；只有秦朝实行霸术，汉朝则是王道、霸道混杂使用；魏、晋以后，王道、霸道都丧失了。如果想要实行，以王道为最好，但实行起来比较困难。

250.三代之季，鉴于有道，不鉴于无道也。（卷第

三十九·伸蒙子）

【译文】夏、商、周三代以圣德化民的成功经验，只能给有道之人提供镜鉴，而不能给无道之人提供镜鉴。

251.王道只以养民为本。（卷第四十五·泾野子内篇）

【译文】王道只是以养民为根本。

252.治国家者，先资于德义；德义不修，家邦必坏。故王者以德服人，以义使人。服使之术，要在修身；修身之道，在于孜孜。夫一失百亏之戒，存乎久要之源。前志曰："勿以小恶而为之，勿以小善而不为。"斯则惧于渐也！（卷第十四·旧唐书八）

【译文】治理国家，首先要施行道德仁义，不施行道德仁义，家国必然败坏。因此帝王依靠德行归顺人心，按照道义役使众人。统御臣民的方法，关键在修养自己；修养自己的方法，在于勤勉不怠。一失而百亏的警戒，来源于平时的自我约束。史书记载："不要以为恶小就去做，不要认为善小就不做。"这就是防微杜渐呀！

253. 古之御天下者，其政有三：王者化之，用仁义也；霸者威之，盛权智也；强国胁之，务刑罚也。是以化之不足，然后威之；威之不变，然后刑之。故至于刑，则非王者所贵矣。（卷第十四·旧唐书八）

【译文】古时候统御天下的君主，治国的方法有三种：王道是教化百姓，依靠的是仁义；霸道是威慑诸侯，依靠的是权谋；强国威胁天下，依靠的是刑罚。所以说教化不能施行，然后就会使用武力威慑；武力威慑达不到目的，就会使用刑罚惩治。到了需要依赖严刑峻法才能治理国家的地步，已经不是古代的圣王所愿意看到的了。

254. 夫有道之主，能以德服人；有仁之主，能以义和人；有智之主，能以谋胜人；有权之主，能以势制人。（卷第三十九·太白阴经）

【译文】大凡有道的君主，能够以良好的德行使百姓归顺;有仁义的君主,能够以仁义使百姓和顺;有才智的君主,能够用谋略战胜别人;有权势的君主,只能够凭借威势压制他人。

255.明道先生曰:先王之世,以道治天下,后世只是以法把持天下。(卷第四十一·近思录)

【译文】程颢先生说:前代圣王的时代,是用圣道治理天下,后世的君主只是用法令控制天下。

256.养民生,复民性,禁民非,治天下之"三要"。(卷第四十四·读书录)

【译文】养护人民的生计,恢复人民的本性,禁止人民的邪恶,这是治理天下的"三要"。

257.古之人所以能见善不啻若己出,见恶不啻若己入,视民之饥溺犹己之饥溺,而一夫不获,若己推而纳诸沟中者,非故为是而以蕲天下之信己也,务致其良知,求自慊而已矣。尧、舜、三王之圣,言而民莫不信者,致其良知而言之也;行而民莫不说者,致其

良知而行之也。是以其民熙熙皞皞，杀之不怨，利之不庸，施及蛮貊，而凡有血气者莫不尊亲，为其良知之同也。呜呼！圣人之治天下，何其简且易哉！（卷第四十四·传习录）

【译文】古人之所以能看见别人行善就好像自己行善一样，看见别人为恶就如自己做了恶事，看到百姓痛苦就如自己痛苦，如果有一人没被安顿好就像是自己把他推到沟里去的，这并不是古人想以此来博取天下人的信任，而是他们一心致其良知以求得自己心安罢了。尧、舜、禹、汤和文王、武王等圣人之言百姓没有不相信的，是因为他们所说的是致其良知之后才说的；他们的行为百姓没有不喜欢的，也是因为他们所做的是致其良知之后才做的。所以，那时的百姓安乐祥和，即使被杀也没有什么怨恨，获得了好处也不特意酬谢，把这些推广到未开化的蛮荒之地，凡是有血气的人没有不孝敬父母的，因为人的良知是相同的。唉！圣人治理天下，是多么简单容易啊！

圣 学

258.薛子曰：天下之治乱，生于人心之邪正也。故欲治天下者，莫先于正人心，欲正人心者，莫先于明学术，学术所系，岂微乎哉?（卷第四十五·薛子庸语）

【译文】薛子说：天下的安定与动乱，在于人心的邪恶与正直。所以想治理天下的人，没有比正人心更重要的，要使人心正直，没有比昌明圣学更重要的，学术所系，难道是件小事吗?

259.至道无言，非立言无以明其理；大象无形，非立形无以测其奥。道象①之妙，非言不传；传言之妙，非学不精。未有不因学而鉴道②，不假学以光身者也。

（卷第三十六·刘子）

【注释】①道象：表达对道的认识。

②鉴道：明察道理。

【译文】最高的道是无法用语言表述的，但如果不借助语言便不能明白其中的道理；宏大的气象是没有明确形象的，但如果不借助形象就不能探测其中的奥妙。大道的真谛如果不借助语言说出来，后人便无法体会；阐述大道的言论如果不去细细研究，就无法精通。自古的贤德之人，没有不是通过学习而明察道理的，也没有不是通过学习而让自身显耀的。

260. "圣可学乎？"曰："可。"曰："有要乎？"曰："有。""请闻焉。"曰："一为要。一者无欲也。无欲则静虚、动直，静虚则明，明则通；动直则公，公则溥①。明通公溥，庶矣乎！"（卷第四十一·太极通书）

【注释】①溥（pǔ）：广大。

【译文】"圣人的境界可以通过学习达到吗？"回答说："可以。"又问："有什么要领吗？"回答说："有。""愿闻其详。"回答说："守一是要领。守一就是无欲无求。没有欲求内心就会虚静、行动就会刚正，内心虚静就能光明，光明就能通达；行动刚正就会公正，公正就会广大。能做到光明、通达、公正、广大，就差不多到圣人的境界了！"

261. 孔子气魄极大，凡帝王事业无不一一理会，也只从那心上来。譬如大树有多少枝叶，也只是根本上用得培养功夫，故自然能如此，非是从枝叶上用功做得根本也。学者学孔子，不在心上用功，汲汲然去学那气魄，却倒做了。（卷第四十四·传习录）

【译文】孔子的气魄极大，凡是有关帝王之业的，他没有不能领会的，但这也只是他本心的自然流露。就如一棵大树，无论有多少枝叶，也只是从根本上下功夫去培养，所以自然能枝繁叶茂，而不是从枝叶上下功夫去培养根本。学者学习孔子，不从自己心上用功，却急切地想去学习孔子的气魄，这是本末颠倒了。

262. 儒家则尊卑等差，吉凶降杀。君南面而臣北面，天地之义也。鼎俎奇而笾豆偶，阴阳之义也。道家则堕支体，黜聪明，弃义绝仁，离形去智①。释氏之义，见苦断习，证灭循道，明因辨果，偶凡成圣。斯虽为教等差，而义归汲引。（卷第二·梁书）

【注释】①"堕支体"四句：语出《庄子·大宗师》："堕肢体，黜聪明，离形去知，同于大通，此谓坐忘。"意指忘却自己的肢体，抛弃自己的聪明，摆脱形体与智慧的束缚，与大道融会贯通成为一体，这就是坐忘。

【译文】儒家强调尊卑等级，讲究吉凶降杀。君王面南而坐，臣子则面北而坐，这是天经地义之事。鼎、俎等器物是单数足，而笾、豆等器物是双数足，这是表示尊崇阴阳之道。而道家则主张忘却自己的躯体，抛弃自己的聪明，放下道义和仁爱的名相，摆脱形体与智慧的束缚，与大道融会贯通成为一体。佛教的根本教义，则是让人看到造成苦的根本原因，然后断除苦因，依循佛教教义，通过灭苦而证得涅槃，明辨因果，超凡入圣。儒释道三教虽然教义有所差别，但是从义理上都是教人断恶修善、破迷开悟、转凡成圣。

263. 明心见性，佛教为深；修身治国，儒道为切。

（卷第二十三·元史上）

【译文】屏弃杂念，了悟本性，以佛教的教义为深广；修养德行，治理国家，以儒家、道家的学说为切要。

264. 圣人之学日远日晦，而功利之习愈趋愈下。

（卷第四十四·传习录）

【译文】治理国家如果不能够昌明圣学，圣学越来越昏暗不明，民众追逐名利的风气就会日盛一日。

265. 王者之学，不必分章句、饰文辞。稽古圣人治天下之道，历代致兴亡之由，延登正人，博访世务，以求合先王，则天下幸甚。（卷第十九·宋史四）

【译文】君王的学问，不必区分章句、修饰文辞。而是要研究古代圣人治理天下之道，寻求历代招致兴亡的原由，延揽擢用正直之人，全面审察当世时务，以求得合乎先王之道，那么天下就非常有幸了。

经 籍

266. 夫经籍也者，机神之妙旨，圣哲之能事，所以经天地，纬阴阳，正纪纲，弘道德，显仁足以利物，藏用足以独善。学之者将殖焉，不学者将落焉。大业崇之，则成钦明之德；匹夫克念，则有王公之重。其王者之所以树风声，流显号，美教化，移风俗，何莫由乎斯道？（卷第五·隋书上）

【译文】经书典籍，记载的是精微玄妙的道理，以及圣哲所善长的事，利用它可以经划天地，协调阴阳，端正纲纪，弘扬道德，彰显仁义足以利益万物，隐藏功用足以独善其身。学习它的人将会繁衍昌盛，不学的人将会衰败凋零。有大功业的人崇尚它，就能养成敬肃明察的德行；平民百姓思考它，就能获得王公贵族一样的威望。历代圣王树立好的风尚，传布显赫的名声，完善政教风化, 改变风俗习惯, 哪一个不是这样走过来的呢?

267. 经者, 先圣之至言, 仲尼之所发明, 皆天人之极致, 诚万代不刊之典也。史记前代成败得失之迹, 亦足鉴其兴亡。（卷第十三·旧唐书七）

【译文】经书, 是先圣的至理名言, 是孔子所阐发的言论, 都是天道和人道的最高道理, 实在是万代不变的经典。史书记载的是前代成败得失的事迹, 其兴亡的经验教训也足以借鉴。

268. 经术以理为主, 而所根者本也; 诗赋以文为工, 而所逐者末也。（卷第二十·宋史五）

【译文】经术以明白大道为主, 使人得到的是根本; 诗赋以文章修辞为主, 使人追逐的是末端。

269. 太祖问先曰:"天下何书最善, 可以益人神智?"先对曰:"唯有经书。三皇五帝治化之典, 可以补王者神智。"（卷第三·魏书）

【译文】太祖拓跋珪问李先说："天下什么书最好，可以增长人的精神智慧？"李先回答说："只有经书。三皇五帝流传下来的治理、教化的典籍，可以补益为王者的精神智慧。"

270.《易》曰："天下同归而殊途，一致而百虑。"儒、道、小说，圣人之教也，而有所偏。兵及医方，圣人之政也，所施各异。世之治也，列在众职，下至衰乱，官失其守。或以其业游说诸侯，各崇所习，分镳并骛。若使总而不遗，折之中道，亦可以兴化致治者矣。

（卷第五·隋书上）

【译文】《易经》说："天下人到同一个地方只是所走道路不同，达到同一个目的只是思虑各异。"儒、道、小说，都是圣人的教诲，只是各自有所偏重。兵法和医术方技，都是圣人的政事，只是施行对象不同。天下大治的时候，它们分属不同的职守，到了衰乱时期，官员职守混乱。有的凭借其所学内容游说诸侯，各自崇尚自己的学说，分道扬镳，各走各路。假如能总括他们的学问并无所遗漏，用中正之道来调和，也可以兴盛教化使国家安定清平。

扫码听解读

治　乱

271. 治乱之循环，如阴阳之运行。阴极盛而阳生，阳极盛而阴始。事当极盛之地，必有阴伏之机。其机藏于至微，人不能觉；及其既著，积重而不可返。

（卷第三十二·清史稿二）

【译文】国家的安定与动乱周而复始，就像阴阳的运行变化，阴到了极点阳就生长，阳到了极点阴就开始生发。事物发展到了极点，一定有危机的苗头潜伏于此。这种苗头潜藏于幽微难辨之处，人们通常无法察觉；当它到了非常明显的时候，便已经积习深重难以改变了。

272. 我开元之有天下也，纠之以典刑，明之以礼乐，爱之以慈俭，律之以轨仪。黜前朝徼幸之臣，杜

其奸也；焚后庭珠翠之玩，戒其奢也；禁女乐而出宫嫔，明其教也；赐酺①赏而放哇淫，惧其荒也；叙友于而敦骨肉，厚其俗也；蒐兵而责帅，明军法也；朝集而计最②，校吏能也。庙堂之上，无非经济之才；表著之中，皆得论思之士。而又旁求宏硕，讲道艺文。昌言嘉谟，日闻于献纳；长辔远驭，志在于升平。贞观之风，一朝复振。于斯时也，烽燧不惊，华戎同轨。西蕃君长，越绳桥而竞款玉关；北狄酋渠，捐毳幕而争趋雁塞。象郡、炎州之玩，鸡林、鲲海之珍，莫不结辙于象胥③，骈罗于典属。膜拜丹墀之下，夷歌立仗之前，可谓冠带百蛮，车书万里。天子乃览云台之义，草泥金之札，然后封日观，禅云亭，访道于穆清，怡神于玄牝，与民休息，比屋可封。于时垂髫之倪，皆知礼让；戴白之老，不识兵戈。虏不敢乘月犯边，士不敢弯弓报怨。"康哉"之颂，溢于八纮。所谓"世而后仁"，见于开元者矣。年逾三纪，可谓太平。（卷第七·旧唐书一）

【注释】①酺（pú）：欢聚饮酒。

②计最：指古代州郡官吏每年或每三年的考绩。

③象胥：古代接待四方使者的官员。亦指翻译人员。

【译文】我大唐开元时期得以有天下，以典刑来纠正错误，以礼乐来宣明教化，用慈爱节俭施行仁政，以法度来约束严整。罢黜前朝非分贪求的臣子，以杜绝邪恶；焚烧后宫珍珠、翡翠等玩物，以戒除奢侈；禁止女乐且放出宫嫔，以宣明教化；恩赐臣民欢聚宴饮而杜绝鄙俗淫靡，是害怕人们放纵迷乱；使故旧亲睦和顺，使骨肉亲厚友善，以敦厚风俗；检阅士卒而严格要求将帅，以彰明军法；地方长官进京朝见而考核政绩，以考察官吏的才干。朝廷之上，全都是经时济世的有用之才；朝廷之外，都能得到直言论政、善于思考之士。而且又向各方征求鸿儒硕学，讲解大道和经典。善言良策，每天都可以听到有人提出以供采纳；有力地统治驾驭远方，志在令天下太平。贞观遗风，很快得以重新振作。在此时，烽燧不报警，华夏和戎狄和谐共处。西蕃的首领，越过绳桥而竞相叩打玉关；北匈奴首领，捐舍毡帐而争着奔向雁门关归顺。象郡、炎州的珍玩，新罗、会稽外海的珍品，无不经多次通关翻译源源不断地运来，并排罗列在典属。他们膜拜在丹墀之下，外族人歌吟在立仗之前，可以说礼教传布百蛮外族，大唐制度通行万里。天子于是观看云台的礼仪，起草用泥金封就的书札，然后封泰山于日观，禅祭于云亭山，访求大道于清和之地，怡养神气于万物本源,让百姓休养生息,家家都有可受封赏之德。当时连垂髫的幼童,都知道礼让;头戴白发的老人,不认识兵器。敌人不敢乘着月夜侵犯边境,士卒不敢弯弓搭箭徇私报仇。"安康"的歌颂,漫溢于八方。所谓"三十年后才能以仁道化行天下",出现在开元时期了。现已超过三十多年,可以说是太平盛世了。

273. 静之则安,动之则乱,人皆知之,非隐而难见也,微而难察也。鲜蹈平易之途,多遵覆车之辙,何哉? 在于安不思危,治不念乱,存不虑亡之所致也。

(卷第九·旧唐书三)

【译文】清静则安定,骚动则大乱,这是人们都知道的道理,并非隐匿而不可见,但却常常因为起于细微而难以察觉。很少有人走平坦的大路,大多数的人都是重蹈倾覆的旧途,这是为什么呢? 就在于安定的时候不想着危险的可能,太平的时候不警惕混乱的产生,存续的时候不防止败亡的一天所导致的呀!

274. 昔隋氏之未乱,自谓必无乱; 隋氏之未亡,自谓必不亡。所以甲兵屡动,徭役不息,至于身将戮辱,

竟未悟其灭亡之所由也，可不哀哉！（卷第九·旧唐书
三）

【译文】过去隋朝尚未动乱的时候，自认为天下必
定不会动乱；隋朝尚未灭亡的时候，自以为隋朝必定不
会灭亡。所以穷兵黩武，徭役不止，以致遭受杀戮羞辱的
时候，竟然还不知道灭亡的原因，难道不可悲吗？

**275.国家无外忧必有内患。外忧不过边事，皆
可预防；奸邪共济为内患，深可惧也。**（卷第十八·宋史
三）

【译文】国家没有外忧必有内患。外忧不过是边境
事端，可以预防；奸邪之人互相勾结成为朝廷内患，这才
是深为可怕的。

**276.天下之势，不能常安，当于未然之前救其
弊；事至而图之，恐无及已。**（卷第十九·宋史四）

【译文】天下的形势，不可能长治久安，应当在变故
没有发生之前就补救它的弊病；变故已发生再来考虑，

恐怕已经来不及了。

277.夫治天下，难则难于登天，易则易于反掌。盖有法度则治，控名责实则治，进君子退小人则治，如是而治天下，岂不易于反掌乎？无法度则乱，有名无实则乱，进小人退君子则乱，如是而治天下，岂不难于登天乎？（卷第二十四·元史下）

【译文】治理天下，说困难就难于登天，说容易则是易如反掌。因为有法度就能够治理，不务虚名讲求实际就能够治理，进用君子黜退小人就能够治理，像这样治理天下，难道不是易如反掌吗？没有法度就会混乱，有名无实就会混乱，进用小人黜退君子就会混乱，像这样治理天下，难道不是难于登天吗？

278.至理之代，山无伪隐，市无邪利，朝无佞禄。（卷第三十七·亢仓子）

【译文】天下大治的时代，山中没有伪饰的隐士，集市上没有靠歪门邪道来谋利的人，朝廷中没有以巧言谄媚骗取俸禄的人。

279. 治天下有常道，上承天心，中和人情，下顺物理而已。急于为治，不得其道，乱之阶也；急于立法，不得其道，弊之萌也。（卷第四十二·迩言）

【译文】治理天下有常道，上必顺承天意，中须调和人情，下宜随顺物理。急于治理天下，如果不能循道而行，就会产生动乱；急于订立法规，如果不能遵此常道，就会萌生弊端。

兴　亡

280. 薛子曰: 国之将兴也, 百官有司貌若违异[1], 而心则同于尽职矣; 国之将亡也, 百官有司貌若谐和, 而心则各为竞进[2]矣。(卷第四十五·薛子庸语)

【注释】①违异: 违背。

②竞进: 争相前进。

【译文】薛子说: 国家将要兴盛的时候, 百官各抒己见, 虽然看上去互相不和, 甚至还经常发生争执, 但他们心里面都是同样想着如何尽职尽责; 国家将要灭亡的时候, 百官虽然看上去不争不吵, 一团和气, 但他们心里面想的都是各自如何进身取荣的事情。

281. 太医之道, 脉和而实者为君子, 生之道也; 挠而浮者为小人, 死之道也。太卜之道, 策平而慢者为君子, 吉之道也; 曲而利者为小人, 凶之道也。以是论之, 天下之理一也, 是故观其国, 则知其臣; 观其臣, 则知其君; 观其君, 则知其兴亡。(卷第四十·化书)

【译文】按照医术的道理, 脉象平和而有力的人是君子, 是生命生长的脉象; 脉象杂乱而虚浮的人是小人, 是生命灭亡的脉象。按照占卜的道理, 卦象平稳而且缓慢的人为君子, 容易占得吉祥的卦象; 卦象曲折多变而且急促的人为小人, 容易占得凶险的卦象。由此可以得知, 天下的道理是一致的, 因此观察国家的情况就可以了解他的大臣; 观察大臣的情况就可以了解他的国君; 观察国君的情况就可以知道王朝的兴亡了。

282. 古人有言, 亡国之主, 多有才艺。考之梁、陈及隋, 信非虚论。然则不崇教义之本, 偏尚淫丽之文, 徒长浇伪之风, 无救乱亡之祸矣。(卷第二·陈书)

【译文】古人说过, 亡国的君主, 往往都擅长才艺。考察梁朝、陈朝以及隋朝的亡国之主, 确实都是如此啊! 他们都是不崇尚道德教化的根本, 偏爱推崇浮华艳丽的文辞, 徒然助长浇薄虚伪的风尚, 最终不能挽救动乱灭亡的祸患。

283. 国之将亡也，先自戕其善类，而水旱盗贼乘之。故祸乱之端，士君子恒先被其毒。（卷第三十·明史六）

【译文】国家将要灭亡，先会残害自己的贤德之士，而后水灾、旱灾、盗贼等祸患才会趁机而入。所以，一个国家一旦祸乱开始，贤人君子总是先受毒害。

284. 国之将亡也，朝廷百吏姿貌多美，颜色谐和，词气华柔，动止详润，虽观其貌、听其言，有若欢洽，然察其志、征其心，尽在竞位。（卷第三十七·亢仓子）

【译文】一个国家将要灭亡时，朝廷里的百官，大多姿貌俊美，和颜悦色，言语华丽柔美，举止安详温和，尽管看他们的外貌，听他们的言论，好像欢欣融洽，但是观察他们的志向，验证他们的内心，才知道原来他们全都在争夺权位。

285. 危国者必自暇，亡国者必自佚。（卷第四十一·公
是先生弟子记）

【译文】危害国家的人一定从自我安逸开始，败亡国
家的人一定从自我放纵开始。

286. 人君致危亡之道非一，而以豫为多。（卷第
四十一·近思录）

【译文】君王招致国家危亡的原因不止一种，其中以
贪图安乐最为突出。

**287. 天下之势，积渐成之也。无忽一毫，舆羽折
轴者，积也。无忽寒露，寻至坚冰者，渐也。自古天下
国家、身之败亡，不出积渐二字。积之微渐之始，可为
寒心哉！**（卷第四十七·呻吟语）

【译文】天下的形势，都是慢慢积累而形成的。不要
忽视一丝一毫的积累，这样长期下去，可以使装载羽毛
的车折断车轴，这是积少成多的结果。不要忽略秋露的
微寒，不久就会凝聚成坚冰，这是逐渐发展的结果。自

古以来, 天下、国家、自身的败亡, 都没有超出"积、渐"二字的范围。从微小的积累开始, 到逐步显现的渐变, 最终的结果都会让人感到无比害怕啊!

经 济

288.古先哲王经国立治，积储九稔，谓之太平。故躬籍千亩，以励百姓，用能衣食滋茂，礼教兴行。逮于中代，亦崇斯业，入粟者与斩敌同爵，力田者与孝悌均赏，实百王之常轨，为治之所先。（卷第三·魏书）

【译文】古圣先王治国施政，有九年的积蓄储备，才能称之为太平。因此圣明的君王会亲自耕种千亩之田，以鼓励百姓，所以可以使衣食日益丰足，礼教盛行。等到了中古，同样崇尚农业，纳粟于官府与斩杀敌人可以封同等爵位，努力种田的农夫与孝悌之人同受奖赏，这实在是古代圣王惯常遵行的法则，是治国的首要大事。

289.《记》曰："取财于地，而取法于天。"富国之本，在于农桑。（卷第二十五·明史一）

【译文】《礼记》上说："从大地获取资源，效法上天的规则行事。"富国之本，在于农业生产。

290. 治天下要务，惟用人、理财两大事。（卷第三十二·清史稿二）

【译文】治理天下的要务，主要在于用人和理财这两件大事。

291. 头会箕敛以裕囊槖者，匹夫之富也；轻徭薄税使四海咸宁者，天子之富也。《易》卦：损下益上，上益矣而反名损；损上益下，上损矣而反名益。盖谓百姓足君孰与不足，百姓不足君孰与足，圣人制卦之意可深长思也。（卷第三十三·清史稿三）

【译文】按人头征税搜刮民财来让府库充裕，这是匹夫的富裕；轻徭薄税使得四海安宁，这是天子的富裕。《周易》的卦象，使在下位者受损而在上位者得益，虽然在上位者得益却反而命名为"损卦"；使在上位者受损而在下位者得益，虽然在上位者受损却反而命名为"益卦"。这大概是说百姓富足了，君主还有什么不富足的呢? 百姓不富足, 君主又怎么能谈得上富足呢? 圣人制卦的用意真是值得深思啊!

292. 籍税以厚国, 国虚民贫; 广田以实廪, 国富民赡。尧资用天之储, 实拯怀山①之数; 汤凭分地之积, 以胜流金②之运。近代魏置典农而中都足食; 晋开汝、颍而汴河委储。(卷第一·南齐书)

【注释】①怀山: 即怀山襄陵, 喻指洪水滔天。

②流金: 热得金属都变成流体, 喻指酷热干旱。

【译文】征收赋税而使得国库富裕, 反而会让国力空虚民众贫困; 扩大耕地而使得地方仓库充实, 会让国家丰足民众丰盈。帝尧仰仗上天赐予的储蓄, 成功拯救了被洪涛包围的民众的命数; 商汤凭据因地制宜的生产, 最终战胜了酷热干旱的厄运。近代曹魏设置典农从而使得中都粮食丰盈; 晋朝凿开汝水、颍水灌溉耕田从而汴河得以储满粮食。

293. 财者, 帝王聚人守位, 养成群生, 奉顺天德, 理国安人之本也。仕农工商, 四人有业。学以居位曰仕, 辟土殖谷曰农, 作巧成器曰工, 通财鬻货曰商。圣

王量能授事，四人陈力受职。（卷第十一·旧唐书五）

【译文】财货，是帝王用来聚集众人、保有帝位、养育百姓、顺应天道、治国安民的根本。仕农工商，这四种人各有职业。做学问而当官叫作仕；开垦土地，种植庄稼叫作农；依靠手艺，制作器物叫作工；流通财物，买卖货品叫作商。圣明君主根据能力而授与职责，这四种人尽心尽力地完成职责。

294. 文王曰："帝王富其人，霸王富其地，理国若不足，乱国若有余。"古人有言："帝王藏于天下，诸侯藏于百姓，农夫藏于庾，商贾藏于箧。"（卷第十一·旧唐书五）

【译文】文王说："帝王使百姓富裕，霸王使国家富裕，得到治理的国家财用看似不足，发生祸乱的国家财用却看似有余。"古人说："帝王的财富储藏在普天之下，诸侯的财富储藏在百姓之间，农夫的财富储藏在粮仓里，商贾的财富储藏在箱箧之中。"

295. 古人有言曰：谷者，人之司命也；地者，谷之

所生也；人者，君之所理也。有其谷则国力备，定其地
则人食足，察其人则徭役均，知此三者，为国之急务
也。（卷第十五·旧五代史）

【译文】古人说：谷物，是人类生存的基础；土地，
是谷物生长的所在；百姓，是君王管理的对象。有了谷
物，国力就会富强；稳定了土地，人民的粮食就会充足；
查清了人口，徭役就能均衡。明白这三点，是治理国家的
紧迫事务。

**296. 因天下之力以生天下之财，收天下之财以供
天下之费，自古治世，未尝以财不足为公患也，患在治
财无其道尔。**（卷第十九·宋史四）

【译文】依靠天下的人力、物力来生产天下的财富，
获取天下的财富来供养天下的花费，自古以来的太平之
世，不曾因为财富不足而造成国家的忧患，忧患在于不
懂得理财之道而已。

297. 货聚于上，怨结于下。（卷第二十二·金史）

【译文】在上位的人聚敛财货，怨气就会积聚于民间。

298. 古之善治其国者，不能无取于民，亦未尝过取于民，其大要在乎量入为出而已。《传》曰："生财有大道，生之者众，食之者寡，为之者疾，用之者舒。"此先王理财之道也。（卷第二十三·元史上）

【译文】古时候善于治理国家的人，不能不向百姓征收赋税，也不曾过分征收，大的原则是根据收入确定支出。《礼记·大学》上说："增加财富有大道，应该是生产财富的人多，消耗财富的人少，生产要勤奋，用度要俭省。"这是先王的理财之道。

299. 危国若实，安国若虚，盛世若不足，衰世若有余。危国若实，府库溢也；安国若虚，损在上也；盛世若不足，民俭而重本也；衰世若有余，俗偷而纵欲也。（卷第四十一·刍言）

【译文】处于危难中的国家好像很充实，处于安定中的国家好像很空虚，处于太平盛世的国家好像财用不足,处于衰败之世的国家好像很富足。处于危难中的国家好像很充实,是因为聚敛财富,所以国库溢满;处于安定中的国家好像很空虚,是因为在上位的君主自我减损,减少赋税,把财富让给百姓;处于太平盛世的国家好像财用不足,是因为百姓节俭且重视农业根本;处于衰败之世的国家好像很富足,是因为社会风俗偷薄,人人都放纵自己的欲望。

300.夫常平者,常使谷价如一,大丰不为之减,大俭不为之加,虽遇灾荒,人无菜色。(卷第八·旧唐书二)

【译文】设立常平仓的制度,是为了让谷价始终如一,大丰收时米不会因此而减价,大歉收时米价不会因此而增加。即使遇到灾荒之年,民众的脸上也不会因为吃不饱而有菜色。

301.圣人治天下,只是使饮食男女各得其所,饮食男女不得其所,而天下治者,未之有也。(卷第四十八·思辨录辑要)

【译文】圣人治理天下，只是让人民的饮食起居、婚配之事各得其所，人民的饮食起居和婚配之事不能各得其所，而天下还能得到治理的，还没有过。

扫码听解读

鉴　戒

302. 夫以铜为镜，可以正衣冠；以古为镜，可以知兴替；以人为镜，可以明得失。（卷第九·旧唐书三）

【译文】以铜镜作为镜子，可以端正衣冠；以古史作为镜子，可以懂得朝代兴替；以人作为镜子，可以明白自身的长短得失。

303. 自古仁圣之君，必祖述前谟，以昭一代文明之治。（卷第三十一·清史稿一）

【译文】自古以来，仁圣之君，必定会效法前人的常道，以彰显一代的文明之治。

304. 夫鉴形之美恶，必就于止水；鉴国之安危，

必取于亡国。《诗》曰："殷鉴不远，在夏后之世。"又曰："伐柯伐柯，其则不远。"（卷第九·旧唐书三）

【译文】要想知道样貌的美丑，一定要站在静水前；要想知道国家的安危，必定要参照已经灭亡的朝代。《诗经》上说："殷商的借鉴不必远寻，就在夏桀这一代。"又说："伐木做斧柄，斧柄就在眼前。"

305. 古者事之鉴，是非定于一时，法则昭于百代。故合经而后能权，遵法而后能创。（卷第三十一·清史稿一）

【译文】古时发生的事是当今的一面镜子，是非在当时已有定论，但法度、原则却足以昭示百代。因此，做事情首先要符合经书所示之正道，然后才能加以权变，首先要遵循过去的法则，而后才可以创新。

任　使

306.官人之难，先王言之尚矣。周礼，始于学校，论之州里，告诸六事，而后贡于王庭。其在汉家，州郡积其功能，五府举为掾属，三公参其得失，尚书奏之天子；一人之身，所阅者众，故能官得其才，鲜有败事。（卷第二·梁书）

【译文】选拔人才授予适当的官职的困难，前代的君王早就已经说到过了。按照周朝的礼仪制度，从学校就开始注重人才的培养，首先在州里加以品评，然后告诉给州郡六事，最后呈报给朝廷。在汉朝时期，每个州郡都搜集一些有功绩、才能的人，五府选拔他们担任佐治的官吏，三公具体考察他们做官的得失，尚书把考察结果上奏给天子；一个人才，经过这么多的层层考核，因此官职可以与才能相符，很少有失败的例子。

307.薛子曰：国家设官以为民也。然官多则民扰，官省则民逸。苟得其人，则一官可以兼数事，不得其人，则数官不能治一事，官何贵于多设哉？《书》曰"官不必备，唯其人"，此之谓也。（卷第四十五·薛子庸语）

【译文】薛子说：国家设立官员是为了造福百姓。可是官员多了，百姓就会受到侵扰；官员减少，百姓则会生活安逸。如果用了合适的人，那么一个官员可以胜任好几件事，用了不合适的人，那么几个官员也不能处理好一件事，可见官员哪里在于一定要多设呢？《尚书》上说"官员不必在数量上求全，而只求选拔德才兼备的人"，说的正是这种情况。

308.然善官人者必先省其官。官省，则善人易充，善人易充，则事无不理；官烦，则必杂不善之人，杂不善之人，则政必有得失。故语曰："官省则事省，事省则民清；官烦则事烦，事烦则民浊。"清浊之由，在于官之烦省。（卷第四·周书）

【译文】然而善于任用官员的人必定首先减少官员

的数量。官员数量减少了，人才就容易进入朝廷；人才充实了，事情就没有处理不好的；官员繁冗，必定混杂不好的人，混杂了不好的人，政务必定会有过失。因此人们说："官员少了，麻烦也会少；事情少了，百姓就会相安无事。官员多，事情也就多；事情多，百姓就会疲于应付。"社会风气清浊的来源，就在于官员的多和少。

309. 置官者，将以燮天平气，赞地成功，防奸御难，治烦理剧，使官称事立，人称官置，无空树散位，繁进冗人。今高卑贸实，大小反称，名之不定，是谓官邪。（卷第一·宋书）

【译文】国家设立官职，为的是协应上天平和之气，赞育大地化成之功，防止奸邪作乱，抵御灾难的降临，处理纷繁复杂的政务，使官职依据实际政事而建立，官员的职位和职责相称，不要空设闲置官位，随意进用多余的人员。当今官职的高低与实际才能不符，官职的大小与其所承担的责任不相称，官职名分也不确定，可以称之为"官邪"。

310. 当使德厚者位尊，位尊者禄重；能薄者官

贱，官贱者秩轻。**缨冕绂佩，称官以服；车骑容卫，当职以施。**（卷第一·宋书）

【译文】应当使品德高尚的人地位尊贵，地位尊贵的人俸禄厚重；能力薄弱的人官位低贱，官位低贱的人俸禄轻微。对于人们的衣帽服饰，按官职地位裁制；出入的车骑、礼容、卫士的规矩，要按职务高低来配置。

311. 臣闻治人之本，实委牧守之官。得其才则政平物理，失其人则讼兴怨结。自非察访善恶，明加贬赏，将何以黜彼贪怠，陟此清勤也！（卷第三·魏书）

【译文】臣听说治民的根本，实际在于委任州郡牧守这类官员。牧守之官用对人，就会政治平稳，百姓得到妥善治理；牧守之官任用不当，就会诉讼不断兴起、民众怨恨相结。除非察访善恶，明确赏罚，否则将如何罢黜贪婪懈怠之人，进用那些清廉勤恳之人呢？

312. 求治莫先于用人、理财、行政诸大端。用人之道，明试以功。人有刚柔，才有长短。用违其才，君子亦恐误事；用得其当，小人亦能济事。设官分职，非

为众人藏身之地。实心任事者，虽小人当保全；不肯任怨者，虽君子当委置。（卷第三十四·清史稿四）

【译文】想要国家安定，没有比任用人才、治理财政、管理国家事务更加重要的事情了。选拔人才的途径，在于公开考核其政绩。人的性情有刚有柔，才能有大有小。如果用人不适其才，恐怕任用君子也会误事；如果用人适其才，任用小人也能成事。设立官府，各授其职，并不是为了方便众人有藏身避世之地。对于那些有真才实能、勇于担当的人，即使是品性上有些瑕疵的小人，也应当给予保护和任用；而对于那些没有担当、害怕面对困难的人，即便是品德高尚的君子，也应当抛弃，不予重任。

313. 设官分职，本康时务，苟非其人，不如旷职。

（卷第四·周书）

【译文】设立官爵，分派职权，就是为了治理时务，假如所用非人，还不如就空着职位。

314. 临天下者，以人为本。欲令百姓安乐，唯在刺

史、县令。县令既众，不能皆贤，若每州得良刺史，则合境苏息；天下刺史悉称圣意，则陛下端拱岩廊①之上，百姓不虑不安。（卷第九·旧唐书三）

【注释】①岩廊：虞舜常常在官殿的走廊里散步。后以"岩廊"借指朝廷。

【译文】治理天下的君主，应该以人为根本。想让百姓安居乐业，只在于选好刺史、县令。县令人数众多，不可能全是贤良之辈，如果每一州都能得到贤良的刺史，这一州全境都能得到休养生息了。全国所有的刺史如果都能称职，符合陛下的心意，那陛下就可以垂拱而治，百姓也不会忧虑不安了。

315. 裴子野有言曰："官人之难，先王言之尚矣。居家视其孝友，乡党服其诚信，出入观其志义，忧难取其智谋。烦之以事，以观其能；临之以利，以察其廉。"（卷第十·旧唐书四）

【译文】裴子野有言："选择任命官员的难处，先王早就说过了。平时在家看他是否孝敬友爱，在乡里要看他是否以诚信服众，出入时观察他的志节，遇到忧患时看他是否有智谋。用繁杂的事务烦扰他，来观察他的才能；让他面对财利的诱惑，来观察他是否廉洁。"

316. 设官分职，量事置吏，此本于理人而务安之也。故《书》曰："在官人，在安人。官人则哲，安人则惠。能哲而惠，何忧乎欢兜，何畏乎有苗者也！"是明官得其人，而天下自理矣。（卷第十·旧唐书四）

【译文】设立官员分派职务，是根据事务多少来设置官职的，这是从治理百姓并使他们安定的角度出发。所以《尚书》说："在于知人而授予官职，在于安定百姓。知人善任就是明智，安定百姓就是惠民。既能明智又能实施惠民之策，又何必担忧欢兜，何须害怕有苗那样的凶人呢？"这说明官职能得到合适之人，而天下就会自然而治了。

317. 天下之事，必历而后知，试而后见。为县令者必为丞簿，为郡守者必为通判，为监司者必为郡守，皆有等差。（卷第十六·宋史一）

【译文】天下的事情，只有亲身经历后才能知晓，尝试后才能有所表现。担任县令的人必须先做县丞或主簿，担任郡守的人必须先做通判，担任监司的人必须先做郡守，这样才能都有等级次序。

318.县令多而难择，莫若精择郡守。郡守贤，县令无不贤。（卷第三十·明史六）

【译文】县令人数众多且难以选择，不如精心挑选郡守。郡守贤良则县令不会不贤良。

319.尔俸尔禄，民膏民脂。下民易虐，上天难欺。（卷第四十二·容斋随笔）

【译文】你们的薪俸，都是人民的血汗膏脂。虽然百姓容易虐待，上天却难以欺骗。

扫码听解读

考 绩

320. 三载考绩，自古通经；三考黜陟①，以彰能否②。今若待三考然后黜陟，可黜者不足为迟，可进者大成赊缓③。是以朕今三载一考，考即黜陟，欲令愚滞无妨于贤者，才能不壅于下位。各令当曹④考其优劣，为三等。六品以下，尚书重问；五品以上，朕将亲与公卿论其善恶。上上者迁之，下下者黜之，中中者守其本任。（卷第三·魏书）

【注释】①黜陟：官职的升迁或降黜。

②能否：能干与否。

③赊缓：迟缓，缓慢。

④当曹：主管的官署。

【译文】每三年考核一次官员的政绩，这是自古以来一直通行的制度；三次考核之后，作出升迁或降黜的决定，以彰显被考核者才能的优劣。现今，如果等到三次考核后才做出升迁或降黜的决定，对于应该降黜的人来说不能算迟，但对于做出大的成就，应该升迁的人来说，则显得太过迟缓了。所以朕现在决定每三年考核一次，结束后立即作出升迁或降黜的决定，就是想让那些愚笨迟钝的人不要妨碍贤者的升迁，使贤者不因被埋没而处于下位。下令由各部门主事的官员考核下属的优劣，将考核结果分为三个等级。六品以下的，由尚书重新审核；五品以上的，朕将亲自与公卿大臣一起讨论他们的善恶优劣。考核等级为最上等的，将给予升迁；最下等的，将罢免其官职；中等的，继续留任原来的职务。

扫码听解读

法　纪

321. 治国之道，必须有法。法者，国之纲纪。纲纪不可不正，所正在于赏罚。若有功必赏，有罪必罚，则有善者日益，为恶者日止。若有功不赏，有罪不罚，则天下善恶不分，下民无所措其手足矣。（卷第四·周书）

【译文】治国之道，必须要有法可依。法制，是国家的纲纪。纲纪不能不正，端正纲纪则在于赏罚分明。如果有功劳就给予奖赏，有罪过就受惩罚，那么行善的人就会日益增多，作恶的人就会日益减少。如果有功劳而不奖赏，有罪过而不惩罚，则天下的人就会善恶不分，百姓也就不知道该怎样做事了。

322. 医之活人，方也；杀人，亦方也。人君治天

下，法也；乱天下，亦法也。方能治病，不能尽天下之病，遇病而不通于方，杀人矣。法能制变，不能尽天下之变，遇变而不通于法，乱天下矣。是故上医无传方，非无良方也，忧用方者也；圣人无定法，非无善法也，忧用法者也。（卷第四十一·刍言）

【译文】医生救死扶伤，依靠的是处方；而庸医害人性命，也是通过处方。君主治理天下，依靠的是法令；而导致国家祸乱的，也通常是法令。医方能够治病，但不能治尽天下人的疾病，遇到疾病而不了解药方的用法，就等于害人性命。法令能制止祸乱，但不能消除天下所有的祸乱，遇到祸乱而不懂得变通，是用法令导致天下的祸乱。因此，上医不把药方流传给后世，不是因为他没有良好的药方，是担心将来没有会用药方的人；圣人不给后世留下既定的法令常规，不是没有好的法令，而是担心后世没有善用法令的人。

323. 夫命令者，人主所以取信于下也。异时民间，朝廷降一命令，皆竦视之；今则不然，相与窃语，以为不久当更，既而信然，此命令日轻于下也。命令轻，则朝廷不尊矣。（卷第十八·宋史三）

【译文】命令，是君主用来取信于百姓的。以往在民间，朝廷颁布一道命令，百姓都会恭敬地对待；现在不是这样，百姓私下相互议论，认为不久就会变更，结果果然是这样，这就使得命令日益被百姓轻视。命令被轻视，那么朝廷就得不到百姓的尊重了。

324.臣闻，善医者不视他人之肥瘠，察其脉之病否而已；善计天下者不视天下之安危，察其纪纲理否而已。天下者人也，安危者肥瘠也，纪纲者脉也，脉不病虽瘠不害，脉病而肥者危矣。是故，四肢虽无故，不足恃也，脉而已矣；天下虽无事，不足矜也，纲纪而已矣。（卷第二十二·金史）

【译文】臣听说，高明的医生在治病时，不看病人身体的胖瘦，而是诊察他的脉象是否正常。善于谋划天下的人不看天下表面是否安宁，而是看法度是否合理并得以有效实施。天下就像人，安危就像人身体的胖瘦，法度就如同人的气脉，气脉无病虽然长得瘦弱也没灾祸，气脉有病即使长得肥壮也很危险。所以，人的四肢虽然没有病痛，但不足以有恃无恐，主要看脉象如何；天下虽然无事，也不足以夸耀，主要看纲纪是否合理并得到有效实施。

325. 法屡更必弊，法弊则奸生；民数扰必困，民困则乱生。（卷第二十五·明史一）

【译文】法令制度多次变更必然会产生弊端，法令制度产生弊端就会有奸邪之人出现；百姓屡受骚扰必然会困苦不堪，百姓困苦不堪就会产生暴乱。

326. 薛子曰：经者，律之本也；律者，经之推也。经以用律，无废道矣；律以行经，皆良法矣。彼闲①于法者，常弃经以为腐；专于经者，率薄法以为俗，其亦勿思甚矣。（卷第四十五·薛子庸语）

【注释】①闲：限制，约束。

【译文】薛子说：圣贤经典，是制定法律的根本；律法，是从经典中推演出来的。把经典中的义理运用到律法之中，天下就没有被废弃的大道；法律能够让经典中的大道得到落实，那就是好的法律。那些主张用律法来约束人的，常常抛弃经典，认为经典太迂腐；那些一心学习经典的人，又都轻视法律，认为这样太庸俗，这是没有真正用心思考过啊!

327.欲兴治道,必振纪纲;欲振纪纲,必明赏罚;欲明赏罚,必辨是非;欲辨是非,必决壅蔽;欲决壅蔽,必惩欺罔;欲惩欺罔,必通言路。言官之言,虽未必可尽听,然山有猛兽,藜藿不采,必使敢言,然后宄窃之辈不敢为奸。(卷第四十六·本语)

【译文】如果想要振兴治国之道,必须要先振兴纲纪;想要振兴纲纪,必定要先明确赏罚;想要明确赏罚,必须先明辨是非;想要明辨是非,必须要隔绝蒙蔽;想要隔绝蒙蔽,必须先惩罚那些欺君罔上的人;想要惩罚欺君罔上的人,必须畅通言路。言官的话,虽然未必有可以全部听取的价值,然而山中有猛兽,谁也不敢到山中去采摘藜藿,因此一定要让言官敢说话,然后那些图谋不轨、为非作歹之徒才不敢为奸做恶。

328.夫立国者,法也;行法者,人也。不争一时之利而图千载之安者,圣人之良法;不计一身之荣而图四海之治者,天下之良士。(卷第四十八·绎志)

【译文】一个国家的立国之本是法度，施行法度的是人。不争取短暂的利益而谋求长远的太平，这是圣人的良法；不在乎自己的荣辱而谋求天下太平的，这是天下的贤士。

329. 古人治天下以礼，今人治天下以法。法胜则礼亡，礼亡则人心绝。法尚不可治天下，而况于无法乎？（卷第四十八·思辨录辑要）

【译文】古人用礼来治理天下，今人用法来治理天下。法占优势那么礼就会消失，礼消失那么人心就堕落了。用法尚且不能治理天下，更何况没有法呢？

330. 叔向与子产书曰："国将亡，必多制。"夫法制繁，则巧猾之徒，皆得以法为市，而虽有贤者，不能自用，此国事之所以日非也。（卷第四十九·日知录）

【译文】叔向给子产的书中说："国家将要灭亡，一定会制定很多法令制度。"国家法令制度繁琐，那么投机取巧的人就会以法令制度谋利，即使有贤能的人，也无法让自己发挥作用，这是国家政事之所以日益衰败的原因。

扫码听解读

赏　罚

331. 臣闻赏者礼之基，罚者刑之本。故礼崇，谋夫竭其能；赏厚，义士轻其死；刑正，君子勖其心；罚重，小人惩其过。然则赏罚者，军国之纲纪，政教之药石。纲纪举而众务自理，药石行而文武用命。（卷第十·旧唐书四）

【译文】臣听闻奖赏是礼的根基，惩罚是刑的根本。礼仪崇敬，谋士就会竭尽所能；奖赏厚重，义士就会看轻死亡；刑罚公正，君子就会自我勉励；处罚严厉，小人就会因为害怕而避免犯过错。如此说来，赏和罚，都是统军治国的纲领、政治教化的药石。纲纪树立后各种事务就会自行解决，施以良药后文武百官自会忘身从命。

332. 夫赏以存劝，罚以示惩，劝以懋有庸，惩以威不恪。故赏罚之于驭众也，犹绳墨之于曲直，权衡之揣重轻，輗轵①之所以行车，衔勒②之所以服马也。驭众而不用赏罚，则善恶相混而能否莫殊；用之而不当功过，则奸妄宠荣而忠实摈抑。夫如是，若聪明可衒，律度无章，则用与不用，其弊一也。（卷第十三·旧唐书七）

【注释】①輗轵：车辕与衡轭联结处插上的销子。輗用于大车，轵用于小车。比喻事物的关键。

②衔勒：马嚼口和马络头。

【译文】赏赐是用来劝善，处罚是用来惩恶，劝善是为了鼓励功劳，惩恶是为了震慑不敬。所以赏罚对于统领士众来讲，如同墨线度量曲直，用秤衡量轻重，輗轵能够使车子行驶，衔勒能够驾驭马匹。统率众人而不使用赏罚，那么就会使善恶混淆，有能力的人和没有能力的人难以区别；使用官员而不按照政绩升迁，那么奸妄小人就会得到宠幸，而忠实之士则会受到排斥打压。要是像这样，好比聪明可以炫耀，法律制度没有章法，那么用贤人与不用贤人，其弊病都是一样的。

333. 治民御下，莫正于法；立法施教，莫平于赏

罚。赏罚者，国之利器，而制人之柄也。善赏者，因民所喜以劝善；善罚者，因民所恶以禁奸。故赏少而善劝，刑薄而奸息。赏一人而天下喜之，罚一人而天下畏之。（卷第三十六·刘子）

【译文】治理百姓，驾驭臣下，莫过于使法度公正；建立法度，施行教化，没有比严明赏罚更重要的了。奖赏惩罚是治理国家的有效工具，是制驭百姓的根本。善于赏赐的人，依据百姓的喜好来劝勉善行；善于处罚的人，依据百姓的厌恶来惩治奸邪。所以，赏赐不多却可以达到劝勉善行的效果，刑罚微薄却可以让犯罪停止。赏赐一人而天下人都欢喜，惩罚一人而天下人都戒畏。

334. 礼教，天下之防范；赏刑，有国之纪纲。礼教行则人知荣辱，刑赏明则人知劝惩，与其劝惩于后，孰若荣辱于先。（卷第四十二·迩言）

【译文】礼仪和教化，是用来规范天下百姓行为的；奖赏和刑罚，是治理国家纲纪的。礼仪教化施行那么人们就知荣辱，奖赏和刑罚严明那么人们就知道奖惩，与其在行为发生之后再奖励或惩戒，不如在行为发生之前就让他们知道荣辱。

335. 夫赏以劝善，名以爵贤，使天下不肖者有名，无功者受赏，则何以劝天下乎?（卷第四十·两同书）

【译文】赏赐是用来劝勉人向善的，名望是用来爵赏贤良之士的，如果让天下品行不端之人也拥有名望，对社会没有突出贡献的人也受到封赏，那么又用什么来劝勉天下的百姓呢?

336. 夫赏也者，贤者所薄也，不得已而居之; 罚也者，小人所薄也，不得已而用之。（卷第四十一·公是先生弟子记）

【译文】奖赏是贤德的人所轻视的，只是不得已而接受它; 惩罚，是小人所轻视的，只是不得已而使用它。

337. 凡赏罚，军中要柄。如该赏者，即与将领有旧仇新怨，亦要录赏，患难亦须扶持。如犯军令，便是亲子侄，亦要依法施行。决不许报施恩仇，有此者，以其所报之罪，加等坐之。（卷第四十七·纪效新书）

【**译文**】奖赏和惩罚，是军中的关键要务。如果是应当奖赏的人，即使与将领有过仇恨或者近来才结怨，也要记下奖赏，如果他遭遇危难，也应进行扶持。如果有人违反了军令，即便是将领的亲子侄，也要按照军法处置。绝不允许挟私报复，如果有这样的人，要按照他所报之罪的严重程度，罪加一等来处罚。

慎 刑

扫码听解读

338.夫三代之历祚延长者，以仁义道德教化斯民，不专尚刑罚，故民得遂其生养之乐，而天命眷顾之也。秦、隋享国不久者，专事苛刻，力役不休，仁义不施，故民不聊生，而天不佑之也。（卷第二十六·明史二）

【译文】夏、商、周三代的国祚绵延，是因为它们的君王用仁义道德教化百姓，不推崇刑罚，所以百姓得到了生养的快乐，因而天命也眷念他们，使它们的国运长久。秦、隋两代国祚短促，是因为它们的君主专事苛刻之法，力役不休，仁义不施，所以民不聊生，因而上天也不保佑他们，最终导致灭亡。

339.刑滥则小人道长，赏谬则君子道消。小人之恶不惩，君子之善不劝，而望治安刑措，非所闻也。

（卷第九·旧唐书三）

【译文】刑罚滥施则小人的势力就会增长，奖赏错误则君子的道义就会消退。小人的罪恶不惩处，君子的善行不勉励，而期望国家安定，刑罚得当，这种事还没有听说过。

340. 刑罚一事，人命所系，不可不审。故《书》曰："与其杀不辜，宁失不经。钦哉钦哉！惟刑之恤哉！"盖死者不可复生，刑者不可复续。苟不钦恤而详谳之，则伤人必多。伤人既多，必损和气，非所以善治也。（卷第二十六·明史二）

【译文】刑罚一事，关系到人的生命，不可以不慎重。所以《尚书》中说："与其杀一个无罪的人，宁肯用法不当释放他。谨慎啊，谨慎啊！刑罚要慎重啊！"死者不能复生，断了肢体的人不可能再接上。如果不心存敬畏，审慎地审理案件，那么必定会有很多伤害。伤害一旦多了，必定有损和气，便实现不了善治。

外　交

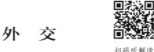

扫码听解读

341.臣闻欲绥远者，必先安近。中国百姓，天下本根；四夷之人，犹于枝叶。扰于根本，以厚枝附，而求久安，未之有也。自古明王，化中国以信，驭夷狄以权。故《春秋》云："戎狄豺狼，不可厌也；诸夏亲昵，不可弃也。"（卷第八·旧唐书二）

【译文】臣下听说想要安抚远方的人，一定是首先安抚附近的人。中原百姓，是天下的根本；而四方远人，就像是树的枝叶。如果扰害根本来使枝叶茂盛，却力求国家长治久安，从来没有这样的事情。自古以来的圣明君王，都是用诚信来教化中原，用权势来驾驭外族。因此《春秋》上说："戎人、狄人就像豺狼一样，难以让他们满足；华夏各族关系亲近，绝不能舍弃他们。"

342. 治天下犹植木焉，所患根本未固，固则枝干不足忧。朝廷治，则边鄙何患乎不安？（卷第十七·宋史二）

【译文】治理天下犹如植树一样，所担忧的是根本不稳固，根本稳固那么枝干就不值得担忧了。朝廷事务得到治理了，那么边境还有什么不安定的呢？

343. 夫驭戎狄之道，守备为先，征伐次之，开边衅，贪小利，斯为下矣。故曰："天子有道，守在四夷。"言以德怀之，以威服之，使四夷之臣，各守其地，此为最上者也。若汉武之穷兵黩武，徒耗中国而无益；隋炀之伐高丽，而中国蜂起。以唐太宗之明智，后亦悔伐高丽之非。是皆可以为鉴，非守在四夷之道也。（卷第二十六·明史二）

【译文】治理戎狄的方法，防御为先，征伐次之，开启边境冲突，贪图小利，则是下策。所以说："天子奉行天道，四夷为天子守土。"意思是用德惠来感召他们，用声威来使他们臣服，让四方异族的首领，各自守护自己的领地，这是最上等的方法。如汉武帝刘彻随意使用武力，不断发动战争，白白耗费国力而没有益处；隋炀帝杨广征伐高丽，导致国内叛乱四起。以唐太宗的明智，之后也后悔征伐高丽之事。这些都应当引以为戒，不是"守在四夷"的天子之道。

扫码听解读

用　兵

344.文武之道，自古并行，威福之施，必也相藉。故三、五至仁，尚有征伐之事；夏、殷明睿，未舍兵甲之行。然则天下虽平，忘战者殆；不教民战，可谓弃之。是以周立司马之官，汉置将军之职，皆所以辅文强武，威肃四方者矣。（卷第三·魏书）

【译文】文武之道，自古以来都是同时施行的，赏罚的使用，也是相互依托的。所以三皇、五帝这些具有至高无上仁德的人，尚且还有征伐之事；夏禹、商汤英明睿智，也没有舍弃军事武力。因此，天下虽然太平，忘记战备却会面临危险；以未经教导、训练的百姓作战，可以说是弃他们于不顾。因此，周朝设立司马之职，汉朝设置将军之职，这些都是为了辅佐文治、强化武备，从而威震四方的啊！

345. 兵者，凶器，不得已而用之。故汉光武云："每一发兵，不觉头须为白。"自古以来穷兵极武，未有不亡者也。（卷第三十八·贞观政要）

【译文】兵器，是凶器，只有在不得已的情况下才会使用它。所以汉光武帝说："每次发兵，不知不觉间就须发皆白了。"自古以来穷兵黩武的人，没有不灭亡的。

346. 夫兵甲者，国之凶器也。土地虽广，好战则民凋；邦境虽安，忘战则民殆。（卷第三十七·帝范）

【译文】武器装备，是国家的凶器。一个国家虽然土地广阔，如果喜好征战，那么就会使民生凋敝；一个国家虽然安定和平，如果频繁动武，百姓就会有危险。

347. 凡兵上义，不义虽利不动。夫惟义可以怒士，士以义怒，可与百战。（卷第二十一·宋史六）

【译文】凡是用兵一定要崇尚道义，违背道义的用兵即使有利可图也不可以妄动。唯有道义可以激励士兵，士兵因为正义而士气奋发，可以进行反复作战。

348. 军法在正不在多。以多陵少，不义必败。（卷第二十二·辽史）

【译文】用兵之道在正义而不在人多。以多欺少，不合道义的军队一定会失败。

349. 夫兵不可出者三：不和于国，不可以出军；不和于军，不可以出阵；不和于阵，不可以出战。故孙子曰："一曰道。道者，令人与上同意者也。故可与之死，可与之生，而人不畏危。"（卷第三十七·长短经）

【译文】不可以出兵的情况有三种：国中不和，不可以出兵；军中不和，不可以出阵；阵中不和，不可以出战。所以孙子说："用兵最重要的是'道'。所谓'道'，就是使民众与君主上下一心，意愿一致。这样，民众在战争中才可以随君主出生入死而不惧危险。"

350. 经曰：兵非道德仁义者，虽伯有天下，君子不取。故曰："善师者不阵，善阵者不战，善战者不败，善败者不亡。"（卷第三十九·太白阴经）

【译文】经典上说：不符合道德仁义的用兵，即使能够称霸于天下，也是君子不赞成的。所以说："善于统率军队的人，不一定要排兵布阵；善于排兵布阵的人，不必同别人作战；善于作战的人，不会被打败；善于应对失败的人，不至于灭亡。"

351. 经曰：先王之道，以和为贵。贵和重人，不尚战也。（卷第三十九·太白阴经）

【译文】经典上说：古代圣君明王的治国之道，是以和为贵。崇尚和平并重视人的生命，不推崇战争。

352. 先王耀德不观兵。兵戢而时动，动则威；观则玩，玩则无震。（卷第三十九·太白阴经）

【译文】古代的君主显示德行而不炫耀武力。兵力收敛起来，等到一定时机才出动，一旦出动就使人畏惧；炫耀武力就会使人懈怠，懈怠就失去了威力。

353.《易》曰："见机而作，不俟终日。"故用兵之术，知变为大。（卷第四十·虎钤经）

【译文】《周易》中说:"见到事情的征兆就立即行动,一天也不能耽搁。"因此用兵的方法,最重要的是懂得变通。

354. 用兵之法,先谋为本。是以欲谋行师,先谋安民;欲谋攻敌,先谋通粮;欲谋疏阵①,先谋地利;欲谋胜敌,先谋人和;欲谋守据,先谋储蓄;欲谋强兵,先谋正其赏罚;欲谋取远,先谋不失其迩。苟有反是而用兵者,未有不为损利而趋害者也。(卷第四十·虎钤经)

【注释】①疏阵:古代作战时因己方兵力少而采取的一种疏散的战斗队形,是古代"十阵"之一。

【译文】用兵作战的方法,最根本的是先制定好谋略计策。因此,想谋划用兵,必先谋划安抚百姓;想谋划进攻敌人,必先谋划运送粮食;想谋划疏散布阵,必先谋划有利地势;想谋划战胜敌人,必先谋划内部团结,以达到人和;想谋划固守阵地,必先谋划储蓄物资;想谋划强兵,必先谋划端正赏罚;想谋划攻取远方,必先谋划不失近处。假如有人与此相反而用兵作战的,没有不损失利益、自取其害的。

355. 夫制敌行师，必量事势，势有难易，事有先后。力大而敌脆，则先其所难，是谓夺人之心，暂劳而永逸者也；力寡而敌坚，则先其所易，是谓固国之本，观衅而后动者也。（卷第十三·旧唐书七）

【译文】凡是打仗行军，必定要估量事态和形势，形势有难有易，事情有先有后。己方力量强大而敌方力量脆弱，就先处理困难的，这叫夺人之心，暂时劳累但可以长久安逸；自己力量弱小而敌方力量强大，就先处理容易的，这叫巩固国家的根本，寻找机会而后再付诸实施。

356. 郁离子曰："善战者省敌，不善战者益敌。省敌者昌，益敌者亡。"（卷第四十三·郁离子）

【译文】郁离子说："善战的人懂得如何能使敌人的力量削弱，不善战的人只会使敌人的力量增强。使敌人力量削弱的就会昌盛，使敌人的力量增强的就会灭亡。"

为　将

357. 为将之道，当先治心，太山^①覆于前而色不变，麋鹿^②兴于左而目不瞬，然后可以待敌。（卷第二十一·宋史六）

【注释】①太山：即泰山，位于山东泰安境内。

②麋鹿：古人叫四不像，角似鹿，尾似马，蹄似牛，颈似骆驼。

【译文】为将之道，应当首先休养心性，做到泰山崩于前而神色不变，麋鹿突然出现在身边也不眨眼睛，这样才可以应对敌人。

358. 凡将欲智而严，凡士欲愚。智则不可测，严则不可犯，故士皆委己而听命，夫安得不愚？夫惟士愚而后可与之皆死。凡兵之动，知敌之主，知敌之将，

而后可以动于隘。（卷第二十一·宋史六）

【译文】好的将领应该有智谋、有威严，而好的士兵则要憨厚而耿直。将帅有智谋就深不可测，有威严就不可侵犯，因此士兵都愿意追随他并听从命令，怎能不憨厚而耿直？唯有士兵憨厚而耿直才能和将领一起出生入死。凡是调兵遣将，要知道敌军主帅和将领的具体情况，然后才可以在险要之地突发奇兵。

359.古之将帅务搜拔众才，如知山川形势者可使导军，能腾高越险者可使觇敌，能风角鸟占①者可使备变。（卷第二十七·明史三）

【注释】①风角：古代占候法，以五音占风而定吉凶。鸟占：古代的占卜术。以鸟的飞鸣占卜吉凶。

【译文】古代的将帅必会努力搜寻提拔各类人才，如了解山川形势的人可以让他作部队的向导，能够翻越高处、跨越艰险的人可以让他去侦察敌情，能占卜吉凶的人可以用他来防备突发情况。

360.凡主将之道，知理而后可以举兵，知势而后

可以加兵，知节而后可以用兵。知理则不屈，知势则不沮，知节则不穷。（卷第二十一·宋史六）

【译文】主将之道是，知晓战争的道理和规律然后可以发动战争，知晓形势然后可以增加兵力，知晓节制然后可以调兵遣将。知晓道理就不会屈服，知晓形势就不会沮丧，知晓节制就不会困窘。

《群书治要续编》跋

　　《群书治要续编》五十卷，为《群书治要续编》编委会诸贤捃摭南北朝至清代子史精华编撰而成。是书承续前贤魏徵等辑撰《群书治要》之美，会集中国古史下半段修齐治平之嘉谟，以作为政者之借鉴，其用心深远矣。

　　《群书治要》乃应诏之作。古来各朝，资政之书多矣，何《治要》独能垂范千古？盖魏徵乃经国大器，观览其书，不重文辞，专心治道，去繁就简，微言大义，实乃章句之儒不能为也。矧太宗能致治稽古，克己纳谏；君正臣贤，故能成就贞观之盛世，盖亦取法先王、以古为镜之明证也。

　　然《续编》之作，则异也。此乃是书编委会诸贤，于文化复兴之际，感《治要》止于晋代，千百年来，无有续作，实为一大憾事。乃慕前贤之风，撰书以兴治道，其用心亦良苦矣。先儒有言"为天地立心，为生民立命，为往圣继绝学，为万世开太平"，故此书之作，又乃匹夫有责之本分也。

曩者，《治要》成而盛世兴，此盛唐之美事；而今，国运隆而《续编》作，乃当代之祯祥。前后辉映，堪称完璧，千秋大义，一览无余，后之观者，可以无憾矣。大道之行，天下为公，古今一也。唐宋元明清五代治世盛主俱往矣，历史潮流，浩浩荡荡，"周虽旧邦，其命维新"。今日之中国，刚健日新，乃焕然重生之新中国、新时代，古老文明，著全新之华章；东方大国，创世界之奇迹。然复兴之路，诚非坦途；履薄临深，殷鉴不远；依治国理政之道而行，方乃不坠；古镜今鉴，是为深诚。

《续编》陈一千五百余年兴衰之迹，治乱之原，资今日奋发有为者备览，光前启后，不亦盛乎。书将付梓，承编委会嘱余作跋，不揣浅陋，略叙己见，以塞其责云云。

郝时晋

岁次庚子仲秋于北京

在《群书治要续编》出版座谈会上的发言

楼宇烈

欣闻《群书治要续编》出版座谈会即将召开，我谨向各位与会的领导、专家、学者致以诚挚的问候。

《群书治要》是编撰于唐代贞观初年的一部重要资政典籍，在历史上起到了很重要的资政作用。可惜这部书在中国失传一千多年，后来失而复得，近年来得到重新宣扬，对于我们今天学习古人的历史经验和智慧，弘扬中华优秀传统文化尤其重要。

中国古人历来重视从典籍中汲取治国理政的经验智慧，《群书治要》和《资治通鉴》是这方面著作的突出代表。《群书治要》以阐扬大道，突显为政之理为主，被前人誉为"次经之书"；《资治通鉴》以记录历史事件，侧重为政实践为主，为历代所推崇。这两部书正好体现了治中国传统学问要经史互参、明体达用、理事圆融的特点。《资治通鉴》问世后，后世学者继续司马光的事业，出现了多种续作流传后世，很有历史价值。今天，我们继续魏徵等人的事业，编撰《群书治要续编》，实在是一件很有意义的事情。

当前，我们国家正在大力提倡复兴中华优秀传统文化。复兴中华传统文化，正人心、端风俗，学习历史典籍非常重要。中国古代典籍如林，选取其中的精华供今天的领导干部和社会管理者学习，对于端正社会人心，形成良好的社会风气十分重要。

《群书治要续编》将南北朝到清代子史典籍中的精华选编成书，去粗取精，要言不繁，有助于我们学习这一段历史时期的经典智慧。这部书和《群书治要》一起，荟萃了古代经、史、子典籍的精华，可帮助我们鉴古识今，匡正时弊，弘扬其中的精神，有益于文化的传承和弘扬，实现国家富强、民族复兴的大业。

（作者为北京大学哲学系教授）

《群书治要》和《群书治要续编》
是一个时代一个时代的连接

王守常

《群书治要续编》出版座谈会15号就要召开了，我因为近期身体不适，所以无法与会，非常遗憾。特别要向主办者团结出版社和其他与会的各位朋友致歉。

《群书治要》一书，在唐末因为因为战乱，可能失传了，幸得当时日本向中国派遣的留学生，史书上称为遣唐使，他们当时抄录了这本书，然后传到日本。后由日本再回到中国。这本书在学界引起很大的关注。我当时读到这本书也感慨万千。这部书是一部跟《贞观政要》有相同的作用，是一部匡政、资政的巨著，很可惜差不多一千年，我们并没有见到，到现在才看到。这本书对唐代的"贞观之治"偃武修文应该还起到很大的影响作用。

今天由团结出版社、三智书院、四海孔子书院、谦德书院等学界的朋友。又再编了一本《群书治要续编》，这样就把这部书原来的历史，也就从魏晋南北朝开始，一直到明清，又把它的历史的典籍延续了这么多，使这部书更完整。我想他对当下的治国理政，还是会起到很大的启发作用。

我一直以为，中国现在在反腐、治政的问题上，有很多经验教训可吸收。但是如果看一看《群书治要续编》，我想从中可以会得到很多的教益。

我一直认为，传统和现在的说法还可以有另外一种解释方法。传统不是过去时，传统是个进行时。它是一个时代一个时代的连接、过渡的节点，它表述的那些历史上的事件和经验，同时还有非常多的现代性，在当今社会来看，它也不失为古代传统的东西。我自以为，《群书治要续编》的出版，可能会掀起新的一轮的读书热潮。

（作者为中国文化书院原院长）

致　谢

　　这部《群书治要续编360》的编辑缘起，源自末学和香港著名企业家、慈善家杨钊先生的一次会面交流。杨先生读到《群书治要续编》，深表赞叹，但也有感于其内容份量庞大，建议我们编辑一个简要的精华读本，于是便有了《群书治要续编360》的问世。其书名源自先师长所建议编撰的《群书治要360》系列图书，在纲目的设立上则略有差别。本书是《群书治要续编360》的第一册，后续还会根据情况继续编辑。

　　从开始从事《群书治要》的注译整理，到完成《群书治要续编》和《群书治要续编360》，迄今已十五年的时光，一路走来，期间太多的前辈、师长给予了我们无限的支持和鼓励。回忆往事，历历在目，无限感慨！

　　所有人的无私帮助和支持，都出自内心对于中华文化的那份热爱、责任、使命与担当。我想，中华文化的薪火之所以能穿越数千年，应该就是这样在无数人的无私奉献和努力下而绵延不绝的。

在此，请允许我特别感谢对《群书治要续编》和《群书治要续编360》的编辑给予大力支持的各位前辈和师友，他们是：全国人大副委员长、民革中央主席郑建邦，全国人大原副委员长、民革中央原主席周铁农，全国人大原副委员长、民进中央原主席许嘉璐，全国政协副主席、民进中央常务副主席朱永新，原中共中央党校教育长郝时晋，北京大学哲学系楼宇烈教授，北京大学中国文化书院原院长王守常教授，香港佛教联合会会长宽运法师，英国汉学院成德法师，中共中央党校任登第教授，六和小院刘素云老师，中共中央党校（国家行政学院）刘余莉教授，中共中央党校（国家行政学院）赵棋山，著名导演、制片人刘江、王彤夫妇，陕西石岗书院石岗先生，北京三智书院高斌先生，北京四海书院冯哲先生，殷保志先生，陈垂培先生等，以及团结出版社、谦德文化、古籍书局的所有同仁和义工志愿者们。

先儒顾炎武有云"天下兴亡，匹夫有责"，文化的兴衰关系民族的兴亡。弘扬优秀传统文化，为往圣继绝学，是我们每一个中华儿女的责任与使命。愿这部小书，能够成为民族文化典籍之林中的一株小树苗，期待经过时间和风雨的洗礼而屹立不倒，恒久地传播中华文明的古老信念和价值！

萧祥剑

二〇二四年（岁次甲辰）暮秋之月